경이로운 지구
우리가 함께 지켜요

**What a Wonderful World written by
Leisa Stewart-Sharpe and illustrated by Lydia Hill**

Text copyright © 2021 by Leisa Stewart-Sharpe
Illustration copyright © 2021 by Lydia Hill
Design copyright © 2021 by Templar Books
First published in the UK by Templar Books, an imprint of Bonnier Books UK,
West Wing, The Granary, Birdham Road, Chichester, West Sussex, England, PO20 7EQ
www.templarco.co.uk
www.bonnierbooks.co.uk
All rights reserved.
Korean translation rights © 2022 by ITER
Korean translation rights are arranged with Bonnier Books UK through AMO Agency Korea.

이 책의 한국어판 저작권은 AMO 에이전시를 통해 저작권자와 독점 계약한 이터에 있습니다.
저작권법에 의해 한국 내에서 보호를 받는 저작물이므로 무단 전재와 무단 복제를 금합니다.

경이로운 지구
우리가 함께 지켜요

라이사 스튜어트 샤프 글 | 리디아 힐 그림
김정한 옮김

놀이터

차례

추천의 말 • 5

아름답고 경이로운 우리의 지구 • 6
인간 때문에 변해 버린 세상 • 8
지구 지킴이들의 탄생 • 10
지구가 인류에 보내는 메시지 • 12

세계의 산 지붕 위에서 벌어지는 일 • 14
깨끗한 공기를 위해 싸우는 프리티 사카 • 16
쓰레기가 없는 일본의 가미가쓰 마을 • 18
개구리 동화를 다시 쓴
사라 루이스 애덤스 • 19

세계의 폐기관 우림 지대 • 20
지구를 다시 푸르게 만드는
펠릭스 핑크바이너 • 22
오랑우탄 할아버지 피터 프랏제 박사 • 24
마다가스카르의 거북이 지킴이
안고노카 수호대 • 25

계절에 따라 모습을 바꾸는 온대림 • 26
고슴도치 영웅
카이라 바보우티스와 소피 스미스 • 28
국립 공원의 아버지 존 무어 • 30
나무 지킴이 줄리아 버터플라이 힐 • 31

생명의 보고 초원 지대 • 32
부지런한 벌 지킴이
셀니차 오브 드라비의 학생들 • 34
세상을 바꾼 책을 쓴 레이첼 카슨 • 36
동물들의 변호인 빈센트 오피엔 • 37

생명을 주는 신선한 물 • 38
수돗물이 끊긴 마을을 구한
욜라 음곡와나 • 40
깨끗한 물을 만든 푸르바 슈리바스타바 • 42
정글 여행을 떠난 앨런 라비노위츠 박사 • 43

광활하고 메마른 사막 • 44
게드 샹티에 마을의 사막화 저지 활동 • 46
사막을 달리는 마라톤 선수 미나 굴리 • 48
나무 여인 왕가리 마타이 • 49

거대하고 푸르른 미지의 바다 • 50
비닐봉지 추방 운동을 시작한
멜라티 위즌과 이사벨 위즌 • 52
파랑비늘돔 보호 활동을 하는
아야나 엘리자베스 존슨 박사 • 54
범고래 구하기 활동을 하는 에릭 호이트 • 55

얼음 세상 극지방 • 56
기후 시위를 벌이는 아이들의
미래를 위한 금요일 • 58
남극 대륙 보존 활동가 윌 스테커 • 60
우주에서 바다표범을 연구하는 프렘 길 • 61

그 밖의 지구 지킴이들 • 62
큰 변화를 가져올 작은 환경 운동 10가지 • 64
그 밖의 자연 보호 활동들 • 66
용어 해설 • 68

저자의 말 • 70
일러스트레이터 소개 • 72

추천의 말

인간은 지금 자연계에서 가장 강력한 존재로 군림하고 있어요. 이것이 지구에 항상 좋은 것만은 아니에요. 자연 파괴, 기후 변화, 멸종 동식물에 관한 이야기가 자꾸 들려와요. 하지만 이제 분위기가 많이 바뀌고 있어요. 환경을 위해 좋은 일을 하는 사람들이 있기 때문이에요. 이들은 '지구 지킴이(Earth Shakers)'라는 이름으로 알려져 있어요. 환경을 개선하려면 우리가 사는 지구에 관심을 가지고 지구를 보살펴야 해요.

나는 어릴 적에 숲속을 걷고, 새소리를 듣고, 야생화를 그리면서 지구에 관한 관심을 키웠어요. 다시 말해 자연과 소통하고 있었던 거예요. 열 살 때에는 자연을 보살피기 시작했는데, 그 순간을 영원히 잊지 못할 거예요. 당시 도로 확장 공사를 위해 집 앞에 있던 두 그루의 큰 상수리나무를 베어 내야 했어요. 나는 울고불고했지만 그것을 막을 수 없었어요. 그때 쓰러진 나무의 줄기 옆에서 도토리 몇 개가 눈에 띄었어요. 나는 그것들이 언젠가 상수리나무로 자랄 수 있도록 근처에 심었어요. 그 후로 나는 '도토리 심기'를 계속해 오고 있어요. 지구 지킴이들의 수는 매일 늘어나고 있어요. 여러분도 이 운동에 동참하면 어떨까요? 앞으로도 많은 세대가 이 세계에서 멋지고 다양한 삶을 누릴 수 있도록 말이에요.

리 더렐 엠비이(MBE)
더렐 야생동물보호재단 명예회장

리 더렐과
더렐 야생동물보호재단 소개

미국의 동물학자 리 더렐은 1979년 저지 동물원의 설립자이자 작가인 제럴드 더렐과 결혼했습니다. 이후 더렐 부부는 15년 동안 자연의 역사와 보호에 관한 텔레비전 프로그램의 대본을 직접 쓰고 제작도 해 왔습니다.

리는 또 더렐 자연보호재단, 특히 마다가스카르에 있는 많은 자연 보호 프로젝트에 참여했습니다. 리는 남편이 사망한 후 그 뒤를 이어 이 재단의 명예회장으로 취임한 후 남편이 남긴 뜻을 지키고 이어가는 데 힘쓰고 있습니다. 또한 2011년에는 자연 보호 봉사에 대한 공을 인정받아 영국 왕실 훈장(MBE)을 받았습니다.

1963년 제럴드 더렐은 저지 동물원의 활동을 감독하고 생물 종들을 멸종에서 구하기 위한 임무를 수행하고자 전 세계에 자연 보호 활동을 벌이는 자선단체를 설립했습니다. 더렐 야생동물보호재단은 수십 개국에서 수백 개의 생물 종을 다루고 있습니다. 이 재단은 수천 명의 자연 보호 활동가들을 훈련하고, 열 곳의 생태계를 되살리고, 100만 명의 사람들을 자연과 잘 연결시켜 주기 위한 야심 찬 프로그램에 착수했습니다.

아름답고 경이로운 우리의 지구

지구는 태양에서 세 번째 떨어진 곳에 있는 행성입니다. 대기로 둘러싸여 있고, 물에 뒤덮여 있으며, 생명체들이 서식하고 있습니다. 이곳은 별들 사이에 있는 오아시스로, 약 80억 명의 인간 그리고 수많은 종의 동물과 식물이 살아가는 고향입니다. 이 광활한 우주에서 우리가 차지하고 있는 유일한 행성입니다. 우리는 정말로 운이 좋았습니다!

경외심을 불러일으키는 우리의 지구

지구는 굉장히 크고 넓습니다. 이곳에는 100만 개가 넘는 산이 있고, 구름을 뚫고 봉우리를 이루고 있는 산도 많습니다. 세계의 숲은 면적이 거의 4,000만 킬로미터에 달합니다. 이는 호주 대륙의 다섯 배 이상에 해당합니다. 바다는 전 세계의 70퍼센트 이상을 차지하고 있습니다. 이는 미국보다 36배나 넓은 면적입니다.

신비로운 우리의 지구

인간은 지구의 많은 곳을 탐험했지만, 아직 발견되지 않은 수수께끼들이 더 많습니다. 믿기지 않을지도 모르지만, 바다의 80퍼센트 이상은 지도에 표시되지 않고 있습니다. 또한 과학자들은 우리가 알고 있는 생물 종이 전체 생물 종 중에서 15퍼센트도 안 된다고 보고 있습니다. 놀랍게도 매년 약 1만 5,000종의 새로운 생물들이 발견되고 있습니다. 2015년에 발견된 '스파클머핀'이라는 별명을 가진 공작거미처럼 우리가 직접 눈으로 봐야만 믿어지는 것들도 있습니다. 이 거미는 넋이 나갈 만큼 아름다우며, 다리를 흔들면서 춤도 춘답니다!

또 어떤 종들이 발견되기를 기다리고 있을까요?

너무나도 아름답고 경이로운 우리의 지구

화려한 색의 산호초, 인간의 손이 닿지 않은 정글, 거대하고 하얀 극지, 굽이굽이 흐르는 강, 드넓은 초원, 메마른 사막 그리고 우뚝 솟은 산들은 우리가 알고 있는 다른 행성들과 구별되는 지구의 고유한 모습입니다. 지구 곳곳의 서식지에는 자연적으로 완벽하게 균형을 이룬 생태계에서 함께 사는 고유의 종들이 가득합니다.

지구는 모든 곳이 이 소중한 행성을 왜 보호할 가치가 있는지 일깨워 줍니다. 또한 그 어느 때보다도 절실하게 우리의 도움을 기다리고 있습니다.

인간 때문에 변해 버린 세상

소용돌이치는 바다, 사나운 폭풍, 끓어오르는 화산 분화구를 자세히 관찰해 보면 지구에서 엄청난 힘이 작동하고 있다는 사실을 알게 됩니다. 하지만 현대 인류는 지구에서 약 20만 년 동안 활동해 오면서 자연에서 가장 큰 힘을 지닌 존재가 되었습니다. 불과 몇 백 년 전 인간은 커다란 자연에 변화를 일으키기 시작했습니다.

1700년대 후반, 영국에서 시작된 산업 혁명은 세계 곳곳으로 빠르게 퍼져 나갔습니다. 석탄, 석유, 가스로 움직이는 공장과 새로운 기계가 발명되었습니다. 화석 연료인 이 물질들은 타면서 이산화탄소를 대기로 방출합니다. 공장이 들어서고 자동차와 항공기가 발명되어 여행에 혁명을 일으켰지만, 엔진에서 공기 중으로 배출되는 이산화탄소는 전보다 훨씬 더 많아졌습니다. 오늘날에는 1초마다 2층 건물 1,000채 이상을 가득 채울 수 있을 정도의 이산화탄소가 생성되고 있습니다.

지구 온난화

이산화탄소와 함께 인간의 활동으로 인해 대기 중으로 방출되는 가스는 또 있습니다. 우리가 땅에 폐기물을 묻는 장소인 쓰레기 매립지와 가축 농장에서는 메탄가스가 배출됩니다. 이 메탄가스와 이산화탄소가 바로 우리가 알고 있는 '온실가스'입니다. 온실가스는 지구에 도달한 태양의 열 중 일부가 우주로 다시 빠져나가는 것을 막아 '온실 효과'를 유발합니다. 이는 온실의 유리가 햇볕에서 나오는 따뜻한 공기를 실내에 가두어 놓는 것과 같은 원리입니다. 자연 발생적인 온실 효과는 지구를 생명체가 살기에 좋은 장소로 만들어 주지만, 인간이 만들어 내어 대기에 추가되는 온실가스는 그 양이 지나치게 많아져 지구가 인류 역사상 그 어느 때보다도 빠르게 더워지고 있습니다.

기온이 1도 올라가면 벌어지는 일

지구는 산업 혁명이 시작된 이래로 섭씨 1도 정도가 더 높아졌습니다. 겨우 1도가 높아진 것 가지고 웬 호들갑이냐고 생각할지도 모릅니다. 하지만 이는 극지방의 해빙과 빙하를 녹이고, 해수면을 상승시키고, 변덕스러운 날씨를 초래하고, 전 세계의 기후를 변화시키기에 충분한 온도입니다.

편리해진 생활의 대가

설상가상으로 인간은 3조 그루의 나무를 베어 냈고, 지구 전체를 뒤덮을 만큼의 콘크리트를 만들었고, 바다를 미세한 플라스틱 조각으로 채웠습니다. 과학자들에 따르면, 이러한 인간의 행동으로 인해 많은 종이 발견되기도 전에 사라지고 있다고 합니다. 야생 동물도 그 어느 때보다 빠른 속도로 사라지고 있어 대량 멸종의 시작을 부추기고 있습니다.

무서운 소리로 들리겠지만, 우리의 이야기는 여기서 끝이 아닙니다. 다음 장에서는 새로운 이야기가 시작됩니다.

지구 지킴이들의 탄생

우리의 지구는 큰 압박을 받고 있지만, 잘못된 일을 바로잡기에 아직 늦은 것은 아닙니다. 과거에 우리가 세상을 변화시켰듯이, 이번에는 더 건강한 미래를 위해 행동하고 변화를 만드는 '지구 지킴이들'의 도움을 약간만 받아도 전 세계 사람들이 이 세상을 다시 변화시킬 수 있습니다.

거리를 행진하는 젊은이, 지구 구석구석의 야생 지대에서 살아가며 연구하고 활동하는 과학자와 자연 보호 운동가, 벌집을 가꾸고 나무를 심고 주변을 청소하는 초등학생 등 지구촌 곳곳에서 지구 지킴이들이 자연을 보호하기 위해 행동에 나서고 있습니다.
이미 희망적인 변화들이 우리 주변에서 보이고 있습니다. 우리는 화석 연료를 태우는 대신 물, 바람, 태양이 만들어 내는 에너지를 사용해 전기 자동차를 운전하고 가정에 동력을 공급할 수 있습니다.

자연 보호 프로젝트는 대왕판다와 혹등고래 같은 특별한 종들을 멸종에서 구하고, 육지와 해양의 거대한 지역이 인간의 개발로 훼손되지 않도록 도왔습니다. 아직 할 일이 훨씬 더 많지만, 점점 더 많은 지구 지킴이들이 도전에 맞서고 있습니다. 이들은 영리하고, 동정심이 많으며, 놀라운 능력을 지닌 사람들입니다. 또한 여러분과 똑같이 평범한 사람들입니다.

지구를 연구하는 사람들을 만나 보면 어떤 활동들이 진행되고 있는지 알 수 있습니다.

지구가 인류에 보내는 메시지

인공위성, 무인 항공기(드론) 그리고 많은 과학적 성과 덕분에 우리는 그 어느 때보다 더 자세히 지구를 연구하고, 관찰하고, 기록할 수 있습니다. 그렇게 얻은 정보들을 통해 우리에게 일어나고 있는 변화를 지켜볼 수 있으며, 우리 주변의 변화를 보고, 듣고, 느낄 수도 있습니다. 지구를 연구하는 지구 지킴이들은 현재 일어나고 있는 일과 앞으로 일어날 일을 이해하는 데 도움을 주고 있습니다.

우리가 느낄 수 있는 기후 변화

지구 온난화는 기후를 변화시킵니다. 어떤 경우에는 아주 극단적인 기상 현상이 나타나기도 합니다. 폭염, 산불, 홍수 등 극단적인 기후 현상이 발생하자 영국 옥스퍼드대학교의 기후 과학자인 프리데리케 오토 박사는 인간이 만든 기후 변화가 기상 악화를 초래한 것인지에 대해 밝혀내고자 했습니다. 이를 위해 그녀는 기후 모델을 만들었습니다. 거대한 슈퍼컴퓨터를 이용해서 지구와 날씨에 대한 디지털 복사본을 만든 것입니다. 이 기후 모델에서 온실가스의 양을 화석 연료가 사용되기 이전 수준으로 바꾸고 오늘날 따뜻해진 세계와 비교함으로써 이러한 변화가 인간과 야생 동물에게 어떤 영향을 주고 있는지 연구하고 있습니다.

"만약 우리가 석탄, 가스, 석유를 계속 사용한다면 지구의 온도는 계속 올라갈 것이고, 현재의 몹시 더운 여름 날씨조차도 시원했다고 느껴지게 될 날이 그리 멀지 않을 것입니다."

"자연은 시골 한복판에서만 찾을 수 있는 것이 아니라 바로 우리 앞에 있습니다. 우리 인간은 자연의 일부입니다. 우리가 자연을 구하려면 지금 당장 자연의 원리를 보고, 듣고, 따라야 합니다."

소리를 잃어 가는 야생 지대

멸종을 위협받는 새의 종들이 점점 늘어나고 있는 가운데 전 세계 야생 지대는 침묵으로 빠져들고 있습니다. 이러한 멸종 위기 종으로는 바다오리, 흰올빼미, 멧비둘기 등이 있습니다. 박물학자인 데이비드 린도 오늘날 아이들이 멧비둘기의 독특한 울음소리를 모르게 될까 봐 걱정하는 사람입니다. 한때 이 새의 울음소리는 영국 전역에서 여름이 오는 소리로 통했습니다. 1980년 이후 멧비둘기의 수는 약 80퍼센트 감소했습니다. 매년 이 새들은 아프리카의 겨울철에 유럽의 번식지로 5,000킬로미터 이상을 이동하지만, 수백만 마리가 사냥꾼의 총에 맞아 죽고 있습니다. 매년 이 여정을 성공적으로 마친 새들은 번식할 목초지를 찾아다니고 있지만, 농지 개간으로 인해 목초지가 사라지고 있습니다.

바다에서 일어나는 변화

해양 생물학자인 테리 휴즈는 호주의 산호초 군락인 '그레이트 배리어 리프'에서 수온이 높아진 바다가 산호초의 상태에 어떤 영향을 주는지 연구하고 있습니다. 건강한 산호초는 화려한 무지개 색을 띠지만, 현재는 흰색으로 변해 가고 있는 것이 많습니다. 산호초는 세포 내부에 서식하는 황록공생조류에서 밝은 색을 얻습니다. 하지만 바다가 너무 더워지면 황록공생조류는 스트레스를 받아 산호초에게 먹이를 주지 않습니다. 그래서 산호초가 하얗게 변하는 것입니다. 이를 '산호 백화 현상'이라고 합니다. 수온이 몇 주 내로 떨어지면 황록공생조류가 회복되고 산호초의 색이 돌아옵니다. 하지만 그렇지 않으면 산호초는 굶어 죽게 될 것입니다.

"지구의 온도가 섭씨 1.5도를 넘어서면 하얗게 변색된 연약한 산호초들은 사라집니다. 또한 산호초들 틈에서 살아가는 물고기들도 함께 사라집니다. 오로지 큰 산호초들만이 살아남을 것이고, 종의 수도 몇 개 남지 않게 되어 더욱 단조로워질 것입니다."

가장 높은 산봉우리에서 푸른 바다로 여행을 떠나 지구를 더 나은 곳으로 바꾸는 데 도움을 주는 지구 지킴이들을 만나 보세요.

세계의 산 지붕 위에서 벌어지는 일

산은 지구 육지 표면의 약 25퍼센트를 덮고 있는 강력한 암석 장벽입니다. 산은 대륙판이 충돌할 때 탄생했으며, 거대한 빙하에 깎이고 비와 바람으로 조각되었습니다. 산은 지구에서 작동 중인 강력한 힘을 상징하는 놀라운 기념물입니다.

산 위의 높은 곳에서는 날씨가 맑은 하늘에서 눈보라로, 햇빛이 쨍쨍하다가 영하의 기온으로 순식간에 바뀔 수 있습니다. 미국에 있는 102층 높이의 엠파이어 스테이트 빌딩보다 세 배나 무겁고 빠르게 움직이는 눈덩이가 눈사태로 인해 큰 소리를 내며 아래로 떨어질 수도 있습니다. 산은 지구상에서 가장 위험하고 척박한 환경에 속하지만, 약 열 명 중 한 명의 인간과 다양한 종이 이러한 산악 지대에 살고 있습니다.

거대하고 털이 많은 야크는 옅은 공기와 5,000미터 이상의 고도에서 경험할 수 있는 매서운 바람이 부는 곳에 삽니다.

죽음의 지대

산이 높아질수록 생존은 더 어려워집니다. 높이가 8,000미터 이상인 지역은 식물이나 동물의 생존에 필요한 산소가 거의 없습니다. 지구상에는 높이가 8,000미터 이상인 봉우리를 가진 산이 열네 개뿐입니다. 이 산들의 높이는 세계에서 가장 높은 빌딩인 두바이의 버즈 칼리파보다 약 열 배나 더 높습니다. 그 가운데 열 개의 봉우리는 히말라야산맥에 속해 있고, 최고봉인 에베레스트산의 높이는 해발 8,850미터에 달합니다.

산악 지대의 생물

히말라야의 약 3,500미터 지점에 이르면 나무들이 사라지고 키 작은 식물과 관목이 자라고 있습니다. 세계에서 가장 거친 산악 동물로, 나선형 뿔이 달린 마코르 야생 염소의 발에 짓밟히면서도 잘 자랍니다. 4,000미터 이상이 되면 풀과 이끼 같은 선태식물들이 바위들 틈에서 자랍니다. 작은 히말라야 마못들이 이 식물을 야금야금 갉아먹으며 살아갑니다. 암석들 위에서는 눈표범들이 먹잇감을 찾으며 돌아다니고, 크고 털이 많은 야생 염소가 산등성이 위를 기어오릅니다. 6,000미터를 넘어서면 번개깡충거미가 바람을 타고 날아온 곤충들을 향해 뛰어오릅니다.

오염된 산 공기

전 세계의 산들은 사람들이 접근하기 쉬워질수록 많은 쓰레기가 남습니다. 하지만 산 계곡에는 또 다른 오염이 있습니다. 그것은 대기 오염입니다. 대부분 산으로 둘러싸여 있는 지역에서는 바람이 통하지 않기 때문에 대기 오염이 사라지지 않습니다. 이것을 '분지 효과'라고 합니다. 미국의 국립 공원 400여 곳에 있는 대부분의 산악 지대에서는 대기 오염이 건강에 해로운 상태에 이르렀습니다.

하지만 히말라야의 산자락에서는 변화의 바람이 불고 있습니다.

깨끗한 공기를 위해 싸우는
프리티 사카

프리티 사카는 에베레스트산 아래에 있는 네팔 바크타푸르의 고대 도시에 살고 있습니다. 예전에는 산 위로 해가 떠오르는 것을 볼 수 있었지만, 지금 이곳의 대기 오염은 지구상에서 가장 심각한 수준입니다. 도시 전역의 낡은 자동차, 오토바이, 쓰레기와 벽돌을 만드는 가마에서 유독 가스가 공기 중으로 뿜어져 나오고 있습니다. 회색빛 이불처럼 두꺼운 스모그 층이 도시와 그 주변 마을들을 뒤덮고 있습니다.

프리티는 바크타푸르를 사랑합니다. 이곳이 그녀가 태어난 고향이기 때문에 다른 곳으로 이주하고 싶은 마음은 없습니다. 하지만 이곳의 공기는 사람들을 질식시키고 있고, 나무들은 잘려 나가고 있습니다. 또한 한때 바크타푸르에서 카트만두로 나 있던 좁은 길은 이제 고속도로가 되었습니다.

"공기 때문에 눈이 따갑고 숨쉬기도 어렵습니다. 마치 목숨을 걸고 공부하는 기분이에요."

공기가 최악의 상태가 되면 사람들은 이른 아침에 거리에 나가지 말라는 권고를 받습니다. 그 말을 들은 프리티는 환경학을 공부하기 위해 카트만두대학교에 가야겠다고 생각했습니다. 열아홉 살인 프리티는 자신이 배운 것을 이용해 네팔 청년기후활동그룹(NYCA)에서 봉사 활동을 하기로 결심했습니다.

프리티는 거리 청소와 시위에 참여해서 사람들에게 인간이 만들어 내는 폐기물과 오염에 대해 인식하고 책임을 지도록 촉구했습니다. 또한 학교를 방문해 학생들과 어른들을 상대로 연설을 했습니다. 그들이 대기 오염의 위험성을 이해하고, 히말라야의 보다 깨끗한 미래를 위해 어떤 일을 할 수 있는지 이해시키려는 목적이었습니다. 아버지들이 일하는 공장에서 마스크를 쓰지 않아도 되고, 나쁜 공기 때문에 천식으로 고통받는 아이와 노인이 없는 미래를 이야기했습니다.

작은 환경 운동
집 안에서 식물을 키우세요! 그러면 그 식물들이 두통, 어지러움, 눈을 따갑게 하는 독소와 오염 물질을 공기 중에서 흡수합니다.

프리티와 다른 많은 자원봉사자들 덕분에 네팔 청년기후활동그룹의 메시지가 수천 명의 학생들에게 전달되었습니다. 그들은 사람들이 사랑하는 산을 보호할 능력을 지니고 있다는 점을 깨닫도록 돕는 일을 계속하고 있습니다.

"저는 사람들에게 말하고 싶습니다. 우리가 사는 세상에서 무슨 일이 일어나고 있는지 알리고 싶습니다. 산은 우리의 자랑입니다. 그것을 지키고 싶습니다."

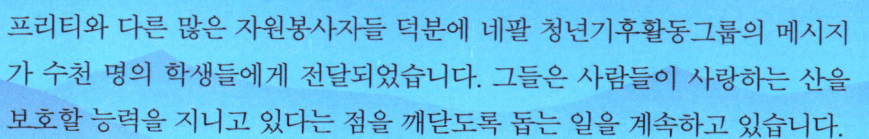

히말라야는 한때 하얀 눈이 덮인 아름다운 산이었으나, 여름이 더워지면서 얼음의 4분의 1이 녹아 버렸습니다. 지구 온난화로 인해 종종 눈을 내리게 만들며, 폭우를 동반하는 강풍인 몬순(계절풍)이 약해지고 말았습니다.

쓰레기가 없는 일본의
가미가쓰 마을

일본의 시코쿠섬 산허리에 있는 작은 마을 가미가쓰에는 쓰레기가 없습니다. 1,500명의 마을 주민들이 과거에는 버리는 것을 태우거나 땅에 묻곤 했지만, 오늘날에는 거의 모든 폐기물을 재활용하고 있습니다. 그들은 폐기물을 두세 개가 아닌 45개의 종류로 분류합니다! 음식물 쓰레기는 썩혀서 퇴비로 만들고, 깡통과 플라스틱 병은 세척한 후 건조하고, 종이와 판지는 꾸러미로 묶어서 분류합니다. 이 모든 물건은 가미가쓰의 제로 폐기물 센터로 옮겨지고, 이곳에서는 오래된 것이 새것으로 다시 태어납니다.

재활용되는 것 중에는 식용유도 있는데, 이 폐식용류를 가지고 비누를 만듭니다. 쿠루쿠루('순환'이라는 뜻) 상점에서는 옷, 도자기, 장식물이 마을로 되돌아갑니다. 한 사람의 폐기물이 다른 사람의 보물로 탈바꿈하는 것입니다. 마을 할머니들은 심지어 옛날 기모노와 고이노보리(남자아이의 성장과 출세를 나타내는 잉어 모양의 깃발)를 재활용해 테디 베어 곰 인형, 가방, 옷 등을 만들기도 합니다. 매년 10톤 이상이 쿠루쿠루 상점으로 들어오고 있으며, 대부분 마을로 되돌아갑니다.

2025년까지 전 세계 도시들에서는 매년 20억 톤의 쓰레기가 배출될 것으로 예상됩니다. 즉, 한 사람당 하루에 1.4킬로그램의 쓰레기를 배출하는 것으로, 이는 빈 깡통 100개와 같은 무게입니다. 가미가쓰는 작은 마을이지만, 우리 모두 '제로 히어로(쓰레기를 만들지 않는 영웅)'가 되기 위해 노력할 수 있다는 것을 보여 줍니다.

"우리는 무엇을 쓰레기로 만들지 결정하는 사람들입니다. 그래서 그것을 바꿀 수도 있습니다!"

작은 환경 운동
친구들과 물물 교환 파티를 열어 사용하지 않는 오래된 책, 헌 옷, 기타 물건들에 두 번째 삶의 기회를 제공해 보세요.

개구리 동화를 다시 쓴
사라 루이스 애덤스

세계에서 가장 큰 개구리 중 하나이며, 심각한 멸종 위기에 처한 산 닭 개구리는 도미니카와 몬세라트의 카리브 제도 산악 지대에서만 발견되는 동물입니다. 몬세라트에서는 화산 활동으로 인해 서식지가 사라지고, 식용으로 포획되면서 이 개구리의 수가 줄어들었습니다. 그러던 중 2009년 치명적인 개구리 전염병인 항아리곰팡이가 발병했습니다. 바로 그때 생물학자인 사라 루이스 애덤스와 더렐 야생동물보호재단이 활동을 시작했습니다.

50마리의 산 닭 개구리가 유럽, 뉴저지의 더렐 동물원, 런던과 스웨덴의 동물원으로 이송되어 번식 프로그램이 시작되었습니다. 사라 루이스는 몬세라트에 머무르면서 항아리곰팡이에 감염된 나머지 개구리들을 치료하기 시작했습니다. 그녀는 6개월 동안 매주 개구리들에게서 곰팡이를 씻어 냈습니다. 치료를 받은 개구리들은 더 오래 살았지만, 산 닭 개구리 전체의 개체 수는 여전히 천천히 줄어들고 있었습니다. 2010년 초, 갑자기 화산 폭발이 일어나자 개구리들의 서식지는 재로 뒤덮였고, 사라는 대피해야 했습니다. 시간이 지나면서 오직 두 마리의 개구리만이 살아남게 되었습니다. 수컷 한 마리와 암컷 한 마리가 900미터 떨어진 곳에서 각각 발견되었습니다.

> "개구리 왕자와 공주 이야기는 행복한 결말이었지만, 산 닭 개구리들이 생존할 수 있게 하려면 더 많은 일을 해야 한다는 것을 깨달았습니다."

같은 해 말, 사라는 유럽에서 키우던 64마리의 젊고 건강한 개구리들을 데리고 몬세라트로 돌아가 개체 수의 회복을 도왔습니다. 이번에는 개구리들에게 라디오 송신기를 부착해 사라와 더렐 야생동물보호재단 팀이 매일 밤 이들의 움직임을 추적했습니다. 희귀한 산 닭 개구리에 대한 긴밀한 관측과 연구는 지금까지도 계속되고 있으며, 치명적인 곰팡이에 대항하는 새로운 방법을 찾아 이들의 생존 기회를 돕고 있습니다.

작은 환경 운동

야생 동물이 서식하기 좋은 연못을 만들면 개구리와 다른 양서류들을 끌어들일 수 있습니다.
개구리들이 드나드는 것을 돕기 위해 많은 통나무와 돌도 놓아두는 것이 좋습니다.

세계의 폐기관
우림 지대

태양이 열대 우림 위로 솟아오르면 자연의 알람 시계가 울리기 시작합니다. 개구리들의 울음소리, 새들의 노랫소리, 곤충들의 윙윙거리는 소리가 정글에서 바쁜 하루의 시작을 알립니다.

열대 우림은 적도 근처에 있습니다. 이곳은 기온이 따뜻하고 비가 많이 내립니다. 강우량은 1년에 2~10미터 정도입니다. 온대 우림은 기온이 열대 지역보다 낮은 남부와 북부의 해안 지역에 있습니다. 열대 우림과 온대 우림은 지구의 약 3퍼센트를 차지하고 있지만, 전 세계 생물 종의 절반 이상이 서식하고 있습니다.

아프리카 콩고의 열대 우림은 세계에서 두 번째로 큰 열대 우림입니다. 이곳에는 1만 종의 식물, 400종의 포유류, 1,000종의 새 등 엄청나게 다양한 생물들이 살고 있습니다. 그중 대부분은 지구 어디에서도 찾아볼 수 없는 종들입니다.

우림 지역에 사는 생물들

아프리카 콩고의 열대 우림에서는 모든 층에서 생명이 번성합니다. 맨 꼭대기 층에서는 키 큰 나무들이 자라고 있으며, 음식과 빛이 풍부합니다. 하지만 오로지 숙련된 산악 동물과 날짐승들만이 서식할 수 있습니다. 관뿔매는 원숭이와 뱀을 주로 사냥하는데, 공격할 준비가 되면 하늘 높이 날아오릅니다.

그 아래 두꺼운 층에는 다른 층보다 더 많은 동물들이 살고 있습니다. 태양조는 이 나무에서 저 나무로 날아다니고, 희귀한 난초들은 정글의 보석처럼 피어납니다. 보노보 원숭이들은 서로에게 '훗' 하고 소리를 냅니다. 이는 동료들에게 자신이 근처에 있다고 알리는 신호입니다. 관목은 대부분 키 작은 어린 나무들이 차지하고 있습니다. 이곳에서는 카멜레온이 햇볕을 쬐고 있으며, 배고픈 표범은 나뭇가지 위에 도사리고 앉아서 작은 영양이 지나가기를 기다리고 있습니다.

어두운 숲 바닥에서는 멸종 위기에 처한 마운틴고릴라, 둥근귀코끼리, 희귀 동물인 오카피(기린과에 속하는 동물)가 나뭇잎, 줄기, 과일 등을 먹으며 살고 있습니다. 하지만 이처럼 눈에 보이는 동물 말고도 썩어 가는 나뭇잎들 밑에서는 아프리카 개코원숭이, 거미를 포함한 더 많은 생명체가 살고 있습니다.

사라져 가는 우림 지대

우림 지대는 최소 1억 8,000만 년 동안 존재해 왔지만, 눈 깜짝할 사이에 사라지고 있습니다. 매년 영국만큼 큰 우림 지대가 없어집니다. 아마존에서만 해도 매일 축구장 세 개 크기의 숲이 파괴되고 있습니다. 이런 속도라면 100년 내에 우림 지대가 전부 사라지게 될 것입니다.

하지만 우리의 지구 지킴이들이 변화의 씨앗을 심고 있습니다.

지구를 다시 푸르게 만드는
펠릭스 핑크바이너

2007년 아홉 살 소년인 펠릭스 핑크바이너는 독일의 학교에서 기후 위기에 대해 배우고 있었습니다. 그때 머릿속에 아주 멋진 아이디어가 떠올랐습니다.

"지구상의 모든 나라에 100만 그루의 나무를 심읍시다!"

펠릭스의 반 친구들은 그것이 좋은 아이디어라고 생각했습니다. 하지만 아이디어를 더 크게 키우려면 작은 것부터 시작해야 하는 법입니다. 몇 달 후 펠릭스는 학교에 첫 번째로 야생 사과나무를 심었습니다. 다른 지역의 학교들도 펠릭스의 나무 심기 계획에 동참했습니다. 1년 후 독일 전역에서 5만 그루의 나무가 심어졌습니다. 펠릭스는 자신의 프로젝트에 대한 엄청난 지원에 힘을 얻어 전 세계의 많은 아이들이 나무를 심도록 '지구를 위해 나무를 심자(Plant-for-the-Planet)'라는 단체를 설립했습니다. 유엔(UN)이 작은 도움을 주어 75개국에서 9만 1,000명 이상의 아이들이 이 조직에 가입했습니다.

나무는 기후 변화에 대처하는 가장 좋은 방법 중 하나입니다. 나무는 지구의 폐나 마찬가지입니다. 오염된 대기에서 이산화탄소를 흡수하고 전 세계의 산소 중 약 4분의 1 이상을 만들어 냅니다.

"인간이 지구상에 나타나기 이전에는 6조 그루의 나무가 있었지만, 지금은 3조 그루밖에 남아 있지 않습니다. 만약 우리가 1조 그루의 나무를 심으면 기후 위기와 싸우고 지구의 온도 상승을 2도 이하로 유지할 충분한 시간을 얻을 수 있습니다."

2015년 이 단체는 멕시코에서 대규모 산림 복원 프로젝트를 시작했습니다. 유카탄반도의 마야숲은 미주 대륙에서 아마존 다음 두 번째로 큰 열대 우림입니다. 하지만 매년 뉴욕시 크기의 숲이 개간되어 농장으로 바뀝니다. 이렇게 숲이 파괴되면 이산화탄소가 다시 대기로 방출되어 지구가 더워집니다.

100명의 자원봉사자로 구성된 팀이 3만 개에 달하는 축구장 크기의 숲에서 일하며 15초마다 한 그루의 나무를 심고 있습니다. 씨앗을 일일이 손으로 신중하게 골라내어 가장 좋은 토양에 심고, 각각의 묘목은 옮겨심기가 이루어지기 전까지 양목장에서 관리됩니다.

이미 800만 그루의 새로운 나무가 유카탄반도에 자라고 있으며, 펠릭스는 2029년까지 1억 그루의 새로운 나무를 심는 것을 목표로 하고 있습니다. 이곳의 주민 한 사람이 50그루씩 나무를 심게 되는 것입니다. 전 세계 200여 국가에서 150억 그루 이상의 나무들이 심어지고 그 수도 기록되었습니다. 펠릭스의 말대로, 이제 말은 그만하고 나무를 심을 시간입니다.

작은 환경 운동

펠릭스의 '나무 1조 그루 심기 운동'에 동참해서 나무를 심으면 탄소 배출의 균형을 맞출 수 있습니다.

유카탄반도에서는 나무가 유럽보다 네 배나 빠르게 자랍니다. 이곳은 식물이 자라기에 완벽한 장소입니다.

오랑우탄 할아버지
피터 프랏제 박사

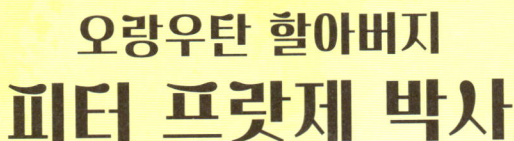

야생 생물학자인 피터 프랏제 박사는 열대 우림에 있는 인도네시아의 섬 수마트라에서 20년 이상 오랑우탄과 함께 살면서 연구 활동을 해 왔습니다. 매일 아침, 머리 위의 나뭇가지들을 헤치고, 나무 사이로 오렌지색 섬광들을 비추며 움직이고, 고함을 지르면서 오랑우탄들이 '정글 학교'에 도착합니다.

1세기 전에는 이 거대한 유인원 중 약 23만 마리가 수마트라섬과 보르네오섬에서 살았지만, 지금은 멸종 위기에 처해 있습니다. 수마트라에는 약 1만 3,000마리의 오랑우탄이 남아 있습니다. 그들의 열대 우림 집들은 기름 야자수 작물 재배를 위해 사라지고, 개간되고, 불타고 있습니다. 어린 오랑우탄들은 어미와 떨어져 고아가 됩니다. 다행히도 정글 학교에서는 이 고아들이 숲으로 돌아갈 두 번째 기회를 얻고 있습니다.

> "나는 어렸을 때 정글에서 살기를 꿈꿨습니다. 학창 시절, 인도네시아에서 오랑우탄 보호에 대해 공부하며 그 꿈을 이뤘습니다. 1998년 수마트라에서 정글 학교를 운영할 사람이 필요하다는 말을 들었을 때 나는 그 기회를 잡았습니다."

정글 학교에서 프랏제 박사와 자원봉사자들은 오랑우탄들에게 나무를 오르고, 잠자는 둥지를 만들고, 나무껍질을 벗기고, 포도를 먹고, 흰개미 굴을 파헤쳐 맛있는 곤충을 잡는 방법을 보여 줍니다. 그들의 어미가 보여 준 모든 것을 가르쳐 주는 것입니다. 오랑우탄이 충분히 성장해서 똑똑해지면 숲으로 나갈 수 있습니다. '오랑우탄 할아버지'로 알려진 프랏제 박사는 170마리 이상의 고아 오랑우탄들이 야생에서 살아갈 수 있도록 도움을 주었습니다.

작은 환경 운동
동네 슈퍼마켓에 열대 우림을 파괴하지 않는 방식으로 재배된 지속 가능한 야자기름만 판매해 달라고 요청하는 편지를 써 보세요.

마다가스카르의 거북이 지킴이
안고노카 수호대

마다가스카르섬에는 세계 어느 곳에서도 발견되지 않은 약 20만 종의 희귀한 동물과 식물이 살고 있습니다. 그중 하나는 쟁기거북입니다. 안고노카 수호대가 없었다면 이 동물은 이미 멸종되었을 것입니다.

쟁기거북은 마다가스카르의 대나무 군락 지대 한구석에서 살았는데, 수년 동안 이어진 농경지와 농장 개간으로 인해 멸종 위기에 처하게 되었습니다. 말라가시인들은 30년 이상 자연 보호 활동가들, 지역 정부와 함께 일하면서 성장이 느린 쟁기거북을 보호 구역인 발리 베이 국립 공원으로 보내기 위한 번식 프로그램을 지원해 왔습니다.

"쟁기거북들이 자연에 방생되면 바로 밀렵꾼들에게 포획되고 말 겁니다."

희귀해진 동물들은 범죄자들 사이에서 값어치가 높아집니다. 아름다운 황금빛 등껍질을 지닌 쟁기거북도 새 자동차만큼 높은 가격으로 팔리게 되었습니다. 안고노카 수호대가 보호 활동을 시작하기 전인 2010년까지 쟁기거북은 밀렵꾼들에 의해 끊임없이 사냥을 당했고, 이제는 단지 몇백 마리만 남아 있을 뿐입니다.

그 이후로 열한 개의 마을에서 165명의 대원들이 매일 공원을 순찰하고 있습니다. 그들은 GPS 추적기, 라디오 수신기, 카메라 장비 등을 사용하여 쟁기거북을 감시하며 경찰들에게 밀렵꾼들의 접근을 알립니다. 2011년 안고노카 수호 대원인 헨리 라코토살라마는 두 마리의 새끼 쟁기거북을 발견했는데 크기가 어른 엄지손가락보다 더 작았습니다. 이는 쟁기거북이 야생에서 다시 번식한다는 증거였습니다.

작은 환경 운동
멸종 위기에 처한 종에 대해 배우고 가족과 친구들에게 그것을 이야기하면 여러분도 동물 보호 활동가가 될 수 있습니다.

계절에 따라 모습을 바꾸는
온대림

사계절이 뚜렷한 곳에서 자라는 온대림은 지구의 4분의 1을 차지합니다. 온대란 날씨가 '극단적이지 않다'는 뜻으로, 열대 지방과 극지 사이에 있는 지역을 나타냅니다. 이곳은 기온이 1년 내내 온화하며, 숲인 온대림이 발달해 있습니다.

온대림은 낙엽이 만들어 낸 토양이 비옥하고, 비가 많이 내려서 1년 내내 다양한 식물들과 동물들이 번성할 수 있는 완벽한 환경을 갖추고 있습니다. 겨울이 되면 숲은 조용해집니다. 많은 새들이 따뜻한 지역을 찾아 이동하고, 많은 동물들이 춥고 분주한 삶에서 벗어나 겨울잠에 들어가기 때문입니다. 하지만 봄이 되면 이들은 다시 숲으로 돌아옵니다.

사계절의 숲

온대림은 가을이 되면 잎이 떨어지는 낙엽수나 연중 내내 푸르른 바늘 모양의 잎이 나 있는 소나무로 이루어져 있습니다. 두 나무가 섞여 있는 숲도 있습니다. 대부분의 낙엽수는 너도밤나무, 단풍나무, 플라타너스, 느릅나무, 참나무처럼 잎사귀가 넓적합니다. 크고 평평한 잎들이 태양 전지판처럼 작동하며 햇빛을 흡수해서 이를 유용한 에너지로 바꿉니다. 즉, 성장에 필요한 당분으로 만드는 것입니다. 겨울이 다가옴에 따라 낮이 짧아지면 낙엽수들은 잎사귀들을 아래로 떨어뜨리고 당분이 뿌리로 스며들게 해서 봄까지 살아남을 수 있는 것입니다.

분주한 활엽수 숲

거대한 참나무와 키 큰 낙엽송으로 이루어진 영국의 딘 숲은 1년 내내 변화하는 모습을 보여 줍니다. 특히 가을이 되면 색상은 더욱 화려하게 알록달록해집니다. 이는 초롱꽃과 수선화가 카펫처럼 펼쳐지며 봄을 밝히는 것과 견줄 수 있습니다.

봄은 겨울철에 이동했다가 돌아오는 철새들의 노랫소리와 함께 맞이합니다. 울새(휘파람새), 나이팅게일, 딱새들이 즐겁게 지저귑니다. 그 밖에도 고슴도치, 두꺼비, 겨울잠쥐 등 겨울잠에 들어갔던 많은 동물이 깨어납니다. 봄은 이 동물들에게 이제 깊은 잠에서 빠져나올 때라는 신호를 보냅니다.

신선한 녹색 잎은 배고픈 사슴의 부드러운 먹이가 됩니다. 암컷 여우는 토끼와 곤충을 사냥하여 둥지에 있는 배고픈 새끼들에게 먹입니다. 비버는 나무를 갉아 토막 내어 댐을 만드는데, 이는 와이강의 홍수를 통제하는 데 도움을 줍니다. 또한 솔담비는 회색 다람쥐를 사냥합니다.

잿더미에서 일어날 수 있을까?

지구 온난화는 봄의 시작을 앞당기고, 여름을 더 덥고 더 건조하게 만들어 계절의 리듬을 뒤흔들고 있습니다. 햇빛이 더 많아지면서 식물이 자라는 계절이 길어지고 있지만, 비가 적게 내리면 가뭄이 발생해 일부 나무가 말라 죽게 됩니다. 가뭄은 또한 산불을 일으켜 이미 도시 확장으로 인해 위협받고 있는 삼림 서식지를 파괴할 수 있습니다.

하지만 우리의 지구 지킴이들 덕분에 숲속 야생 동물들에 대한 희망이 되살아나는 신호가 보이고 있습니다.

최대 300마리의 곤충들이 딘 숲을 돌아다닙니다. 오래된 참나무, 너도밤나무, 밤나무의 줄기에 난 구멍은 올빼미와 딱따구리가 지내기에 완벽한 둥지입니다.

고슴도치 영웅
카이라 바보우티스와 소피 스미스

모든 자연 보호 프로젝트는 규모가 작거나 운영이 어렵더라도 중요합니다. 다음은 사촌 사이인 카이라 바보우티스와 소피 스미스가 영국에 있는 그들의 정원에서 '고슴도치 친화적 마을'이라고 불리는 고슴도치 구조센터를 설립해서 활동한 이야기입니다.

2015년 카이라와 소피는 정원에서 고슴도치를 마지막으로 본 지가 꽤 오래되었다는 사실을 깨달았습니다. 유럽 전역에서는 고슴도치의 수가 굉장히 빠른 속도로 줄어들고 있습니다. 영국에는 약 100만 마리만 남아 있을 것으로 추정됩니다. 1950년대에 약 3,000만 마리 정도가 있었던 것과 비교됩니다. 숲이 집, 도로, 농지로 인해 사라짐에 따라 고슴도치와 다른 많은 숲속 동물들이 살 곳을 잃어 가고 있습니다. 수의사가 되고 싶은 소피와 카이라는 가만히 있어서는 안 된다고 생각했습니다.

이들은 이웃들에게 편지를 써서 울타리에 구멍을 내 '고슴도치 도로'를 만들고, 동물들이 먹이를 찾거나 짝을 찾기 위해 정원을 자유롭게 돌아다닐 수 있도록 해 달라고 부탁했습니다. 또 동네 수의사들을 찾아가 다친 고슴도치를 보살피는 법도 배웠습니다. 그들은 구조센터에서 자신들이 아는 지식을 모두 동원해 '고슴도치 병원'을 운영했습니다.

> "찍찍거리는 소리가 들리나요?
> 아기 고슴도치들이 배고파하는 소리예요!
> 그들이 얼마나
> 응가를 많이 하는지 모르죠?
> 그들은 꼬마 응가쟁이들이에요!"

카이라와 소피는 매일 다친 고슴도치에 대한 전화와 메시지를 받고, 한 번에 최대 45마리의 고슴도치를 치료할 수 있습니다. 도움을 청하는 전화를 받으면 이들은 출동해서 고슴도치를 데리고 옵니다. 그런 다음 진드기나 벼룩과 같은 기생충을 검사하고, 약을 주고, 우리를 청소하고, 두 시간마다 손으로 먹이를 먹이며 정성껏 돌봅니다. 모든 고슴도치에게는 구조센터에 들어올 때 이름을 지어 주므로 쉽게 구별할 수 있습니다(그중 한 녀석은 스트레트퍼드에서 태어난 유명한 극작가의 이름을 따서 윌리엄 셰익스피어라는 이름을 얻었습니다). 2015년 피글렛이라는 고슴도치를 최초로 구조한 후 카이라와 소피는 550마리 이상의 고슴도치를 치료해서 자연으로 돌려보냈습니다.

카이라와 소피는 구조된 새끼 고슴도치들을 치료하고 완전히 성장시킨 다음 자연으로 돌려보냅니다.

카이라와 소피의 치료 활동은 구조센터 밖에서도 이루어집니다. 그들은 영국 전역의 학교를 방문해 야생 동물을 보호하는 일에 대해 배운 것을 아이들과 공유하고 있습니다.

"고슴도치들의 서식지에서 한 가지만 없애도 다른 모든 것이 영향을 받습니다. 서식지가 나무토막 더미라고 상상해 보세요. 거기에서 고슴도치가 좋아하는 먹이인 쇠똥구리를 제거하면 고슴도치들의 서식지는 안정을 잃기 시작합니다. 서식지인 나무토막 하나만 없애도 모든 환경이 무너져 버립니다."

작은 환경 운동

자연 탐험가가 되어
집 근처의 새들을 관찰하고,
나비의 수를 세고,
야생 동물을 찾는 일에
참여해 보세요.

국립 공원의 아버지
존 무어
(1838-1914)

환경 운동가인 존 무어는 1838년에 스코틀랜드에서 태어났습니다. 어린 시절, 그는 스코틀랜드 동부 해안의 험난한 언덕을 돌아다니며 폭풍우가 몰아치는 북해를 바라보았습니다. 그러면서 자연에 대한 사랑이 불타올랐습니다. 열한 살 때 그의 가족은 스코틀랜드를 떠나 미국 중서부로 이주하여 밀 농사를 지었습니다. 그곳에서 존은 틈틈이 위스콘신주 일대로 자연 탐험을 나섰고, 그 과정에서 자연을 향한 애정은 더욱 커졌습니다.

> "사람들이 산에 가는 것이 곧 집으로 가는 것임을 깨닫기 시작하고 있습니다. 즉, 자연이 인간의 삶에 필수라는 것을 알게 된 것입니다. 국립 공원과 자연 보호 구역은 나무를 공급하고 강물을 이용한 관개시설을 마련하는 것뿐만 아니라 생명의 원천이라는 점에서 유용합니다."

스물아홉 살이 된 존은 사고로 인해 일시적으로 눈이 보이지 않게 되었습니다. 그는 자연을 다시 볼 수 없다는 생각에 절망했습니다. 다행히도 다시 앞이 보이기 시작하자 존은 세계를 탐험하기 시작했습니다. 그는 인디애나주에서 플로리다주까지 1,600킬로미터를 걸어가서 미국 서부 해안을 따라 북쪽으로 항해한 후 캘리포니아에 있는 시에라 네바다 산맥에 집을 마련했습니다.

시에라 네바다의 산봉우리들을 수없이 탐사하면서 존은 목축 산업으로 인해 산들이 망가지고, 초지가 황폐해지는 상황을 목격하고 걱정이 많아졌습니다. 그는 자연의 소중함과 위대함을 알리는 글과 책을 쓰기 시작했습니다. 또한 미국 정부를 상대로 이러한 야생 지대를 국립 공원으로 지정해서 보호해야 한다고 청원했습니다.

1890년 미국 정부는 존의 집이 있는 요세미티 숲과 세쿼이아 숲을 국립 공원으로 지정하는 법안을 통과시켰습니다. 몇 년 후인 1903년에 역사상 가장 중요한 캠핑 여행이 시작되었습니다. 요세미티 국립 공원의 한 키 큰 삼나무 아래에서 존은 시어도어 루스벨트 미국 대통령을 도와 수백 개의 야생 지역을 보호하기 위해 혁명적인 자연 보호 정책을 수립하는 일에 참여했습니다.

존은 미국의 획기적인 국립 공원 설립에 큰 업적을 세웠지만, 동시에 논란이 많았던 인물이기도 합니다. 그가 자연 보호와 관련해서 아프리카계 미국인과 아메리카 인디언 원주민들에게 상처를 주는 발언을 한 적이 있기 때문입니다. 하지만 오늘날 그가 공동으로 창립한 시에라 클럽과 그로부터 영감을 받은 다른 단체들은 자연 보호와 관련해 인종 차별을 배격하고 포용성을 위해 노력하고 있습니다.

작은 환경 운동

나무와 숲의 보호에 도움을 주는 가장 좋은 방법 중 하나는 국립 공원을 방문하는 것입니다. 국립 공원의 입장료는 야생 지역을 보호하는 데 사용됩니다.

"나는 세상에 이 사실을 알리고 변화를 가져오기 위해 내가 할 수 있는 모든 일을 다 할 때까지 절대로 땅 위로 내려가지 않을 겁니다."

나무 지킴이
줄리아 버터플라이 힐

1996년 스물두 살이던 줄리아 버터플라이 힐은 고대 삼나무 숲을 탐험하기 위해 캘리포니아로 여행을 떠났습니다. 원래 일주일로 예정된 여행이었지만, 무슨 이유에서인지 마치 처음부터 그곳으로 안내를 받은 것처럼 이끌려 간 느낌이 들었습니다. 줄리아는 그곳에서 목재 회사가 숲을 밀어내고 있는 것을 발견했습니다. 거대한 삼나무들이 차례차례 쓰러지고 있었습니다.

산등성이 위 '루나'라는 이름의 1,000년 된 해안 삼나무는 파란색 페인트로 표시되어 있었습니다. 이는 곧 베어질 것이라는 표시였습니다. 줄리아는 그것을 보고 활동을 시작하기로 결정했습니다. 그리고 1997년 12월부터 1999년 12월까지 738일 동안 루나 밑에서 살았습니다.

줄리아는 50미터 높이의 나무판 위에 설치한 방수 천막에 살면서 주변의 나무들이 잘려 나가는 것을 지켜보았습니다. 나무 베어 내기가 시작되면 톱질하는 소리가 귀청을 때렸고, 잘린 나무줄기 사이로 지렛대가 들어간 후 우지끈 소리를 내면서 나무들이 땅으로 쓰러졌습니다. 목재 회사는 줄리아에 대한 식량 공급을 중단하고 조명을 켜서 잠을 방해했습니다. 하지만 줄리아가 루나 밑에 앉아 있는 한 그 나무는 베어 낼 수 없었습니다.

줄리아는 조용히 앉아서 지냈습니다. 그곳에서 오래도록 지내다 보면 세상이 알게 될 것이라고 생각했습니다. 곧 그녀의 이야기는 뉴스에 등장했고, 목재 회사에는 나무를 베어 내지 말라는 압력이 가해졌습니다. 1999년 12월 마침내 목재 회사는 루나와 그 주변에 있는 나무들을 중심으로 반경 60미터를 보호 지역으로 만들기로 합의했습니다. 줄리아가 용감하게 자리를 지켜 마침내 승리한 것입니다.

> **작은 환경 운동**
>
> 매일 약 2만 7,000그루의 나무가 휴지를 만들기 위해 베어지고 있습니다. 아껴 써야 합니다!

생명의 보고
초원 지대

초원은 숲이 되기에는 비가 부족하고, 사막이 되기에는 비가 너무 많이 내리는 지역에 위치합니다. 우림 지대처럼 초원은 위치와 기후에 따라 열대 초원이나 온대 초원으로 구분됩니다.

푸른 풀밭으로 뒤덮인 광활하고 평평한 초원 지대는 지구의 약 40퍼센트를 차지하고 있습니다. 아프리카의 사바나 지역이 대표적인 초원 지대입니다. 얼핏 보면 야생 동물이 잘 보이지 않지만, 자세히 보면 초원에는 다양한 생물들이 서식하고 있습니다. 지구상에서 가장 큰 육식 동물도 이 초원 지대에서 살아가고 있습니다.

아프리카 사바나의 풀들은 얼룩말, 가젤, 코끼리, 기린, 야생 동물 등 많은 동물들의 먹이가 되며, 포식자들을 피해 숨을 장소를 제공하기도 합니다.

열대 초원과 온대 초원

유라시아의 스텝 지대, 남미의 팜파스, 남아프리카의 벨트, 호주의 다운스, 미국의 프레리는 모두 온대 초원이며 열대 지방을 중심으로 각각 북부와 남부에 있습니다. 이들 지역에서는 1년에 약 25~100센티미터의 비가 옵니다. 나무가 자라기에는 너무 적은 양입니다. 호주 북부, 인도, 북남미, 동아프리카의 열대 초원 지대는 1년에 두 계절이 있습니다. 습한 계절과 건조한 계절입니다. 우기에는 비가 몇 달 동안 계속 내리지만, 건기에는 사바나에 가뭄이 찾아옵니다. 건기에 벼락이 치면 번개로 인해 불이 나기도 하고, 땅을 관리하는 사람들이 마른 잎과 줄기들을 쳐내기도 합니다. 하지만 뿌리는 지하에 묻힌 채 보호를 받으며 다시 자랄 준비를 합니다.

초원을 따라 이동하는 동물들

초원은 세계에서 가장 상징적이고 극적인 동물들의 이동 무대입니다. 생명을 주는 비가 아프리카 사바나에 내리면 갈라졌던 땅이 다시 풀 바다로 변해 수백만 마리의 굶주린 야생 동물과 수십만 마리의 얼룩말, 영양, 톰슨가젤 등이 대이동을 시작합니다. 이 무리는 비옥한 목초지를 찾아 케냐와 탄자니아를 가로질러 수천 킬로미터를 지나갑니다. 한편 사자나 표범 등 대형 고양이류 동물이나 하이에나들은 초식 동물의 무리를 추격합니다.

초원에서 황무지로

수천 년 동안 지구상의 초원은 점차 사라졌고, 오늘날에는 약 10퍼센트만 남아 있는 것으로 생각되고 있습니다. 우리는 초원에 집과 건물을 지었고, 그 땅을 목초지로 개간해 밭을 일구어 농사를 짓고 있습니다. 우리의 농장은 자연 친화적인 토양과 자연의 균형을 너무나도 많이 훼손시켜 왔습니다. 특히 아프리카와 아시아의 일부 지역에서는 많은 초원이 먼지만 남아 생명체가 살 수 없는 공간으로 변하고 말았습니다.

하지만 가장 작은 벌에서 가장 사나운 맹수들에 이르기까지 지구 지킴이들은 자연에 목소리를 내고 있습니다.

부지런한 벌 지킴이
셸니차 오브 드라비의 학생들

유럽의 작은 국가인 슬로베니아에서는 200명 중 한 명이 벌을 치는 일을 하고 있습니다. 이곳에서 양봉은 수백 년 된 전통입니다. 훈련은 아이들이 아주 어릴 때부터 시작됩니다. 전국의 유치원과 학교에는 많은 초보 양봉가가 있습니다. 이들은 슬로베니아 토종인 작고 얌전한 카르니올란 꿀벌의 집을 가꾸고 있습니다.

꽃이 활짝 피면 슬로베니아의 알프스 초원은 벌들의 천국이 되어 마치 야외 미술 작품처럼 '벌집'들로 온통 장식됩니다. 벌집 안에는 많은 방이 겹겹이 층을 이루고 있고, 화려한 색깔을 지닌 각각의 벌집 입구는 옛날이야기에 대한 상상에 숨결을 불어넣습니다. 벌집마다 색깔이 다른 이유는 벌집을 구분하기 위해 주인들이 색칠을 하기 때문입니다. 슬로베니아에는 약 20만 개의 벌집이 있습니다. 일부는 숲에서 들판으로 이동할 수 있도록 차에 실려 있고, 다른 일부는 도시의 지붕이나 발코니 위에 자리 잡고 있습니다.

부지런한 일벌들과 마찬가지로, 셸니차 오브 드라비 마을의 아이들을 포함한 전국의 학생들 수천 명은 학교의 벌집을 관리하고, 날개 달린 친구들이 거부할 수 없는 꽃을 심어 놓은 특별한 정원을 보살핍니다. 하지만 양봉은 단순한 취미가 아닙니다. 아이들은 자신이 먹고 마시는 음식의 3분의 1이 벌들의 수분 활동에 달려 있다는 것을 알고 있습니다. 벌, 나비, 딱정벌레, 장수말벌이 꽃가루를 한 꽃에서 다른 꽃으로 옮기면 새로운 식물이 자랄 수 있습니다.

"벌이 없어지면 다른 동물들도 멸종합니다!"

슬로베니아는 2002년 토종벌들을 보호하기로 한 최초의 국가입니다. 또한 2011년에는 벌이나 다른 수분 활동을 하는 매개체에 해를 끼치는 네오니코티노이드 살충제의 사용을 금지했습니다. 유럽 연합(EU)은 슬로베니아에 이어 2018년 세 종류의 네오니코티노이드에 대한 야외 사용을 금지했습니다. 이는 올바른 방향으로 가는 발걸음이지만, 꽃가루 매개체에 대한 문제는 유럽만의 문제가 아닙니다.

작은 환경 운동

외로운 벌들이 둥지를 지을 수 있도록 외진 곳이나 갈라진 틈새에 벽돌, 나뭇가지, 막대기로 '벌집'을 짓고 학교나 집을 벌이 잘 찾아오는 곳으로 만들어 보세요.

슬로베니아의 수백 년 된 꿀벌 보호 전통에 영감을 받아 유엔은 매년 5월 20일을 세계 꿀벌의 날로 만들어 기념하고 있습니다.

매년 1억 4,000만 명이 새로 태어나는 지구는 사람들로 인해 더욱 붐비고 있습니다. 먹을 음식도 더 많이 필요해지면서 농부들은 살충제와 같은 화학 물질을 사용해 식물을 먹는 곤충을 죽임으로써 수요를 충족시키고자 합니다. 오늘날 약 40퍼센트의 수분 매개체, 특히 벌과 나비들이 멸종 위기에 처해 있습니다. 과학자들은 많은 종이 이번 세기 안에 멸종될 수 있다고 우려하고 있습니다. 많은 새, 개구리, 파충류가 거의 전적으로 곤충을 잡아먹고 살기 때문에 먹을 곤충들이 없으면 이들 역시 멸종할 수 있습니다. 그래서 셸니차 오브 드라비의 아이들은 "벌이 없어지면 동물들도 멸종합니다!"라고 외치고 있습니다. 그들은 귀를 기울이는 누구에게나 이것을 말해 주려고 합니다. 우리의 미래가 꿀벌의 날갯짓에 달려 있기 때문입니다.

"지구상의 모든 생명체에 안전한 독극물을 만들어 잔뜩 뿌리는 것이 가능하다고 믿는 사람이 과연 몇이나 있을까요?"

세상을 바꾼 책을 쓴
레이첼 카슨

1962년 9만 개의 단어로 세상을 바꾸려는 시도가 있었습니다. 그것은 미국의 작가이자 생물학자인 레이첼 카슨의 책 《침묵의 봄》입니다. 사실 이 책은 침묵과는 거리가 멉니다.

제2차 세계 대전 중 군대가 사용한 디디티(DDT)라는 살충제는 병사들에게 말라리아를 퍼뜨리는 곤충과 쥐를 죽이기 위한 것이었습니다. 하지만 안전성을 시험한 적은 없었습니다. 전쟁이 끝난 후 농부들이나 일반인들은 정원을 가꾸는 데 디디티를 사용했습니다. 그런데 한두 종류의 곤충을 박멸하는 대부분의 살충제와 달리 디디티를 뿌리면 한 번에 많은 곤충을 죽일 수 있었습니다.

디디티가 먹이 사슬을 통해 연쇄적으로 전달되면서 곧 물고기가 죽고 새들의 알껍데기가 얇아졌으며, 미국의 국조인 대머리독수리 등 멸종 위기 종들도 죽었습니다. 1963년에는 번식이 가능한 대머리독수리가 487쌍만 남게 되었습니다. 레이첼은 디디티에 대해 더 많이 알아갈수록 침묵을 지켜서는 안 된다는 것을 깨달았습니다. 그녀는 독자들에게 생태학이 무엇인지 소개함으로써 살충제의 무분별한 사용을 중단시키기 위해《침묵의 봄》을 썼습니다. 이 세상에서 인간을 포함한 모든 동물과 식물은 섬세한 생명의 끈으로 연결되어 있다는 내용이었습니다.

그녀는 주로 시골에서 사용되는 디디티의 위험성을 경고했습니다. 살충제 제조사들은 레이첼의 책을 무시하려 했지만, 존 F. 케네디 미국 대통령은 그 책을 읽고 놀라 즉각 디디티에 대한 조사를 지시했습니다.《침묵의 봄》이 출간된 지 10년도 채 되지 않은 1970년에 자연 보호 활동을 위한 환경 보호국이 설립되었습니다. 환경 보호국이 시행한 첫 번째 조치는 1972년 미국에서 디디티 사용을 금지한 것이었습니다. 그 이후로 대머리독수리 수는 다시 30만 마리 이상으로 급증했습니다.

작은 환경 운동
집에서 기름, 비누 혹은 마늘로 만든 천연 살충제를 사용하면 원치 않는 해충을 막을 수 있습니다.

동물들의 변호인
빈센트 오피엔

작은 환경 운동
만약 멸종 위기 종이 걱정된다면 여러분의 용돈을 모아 기부를 해 보세요. 이는 동물 보호 단체를 후원하는 좋은 방법입니다.

서아프리카 우간다에서는 부족을 구성하는 대가족이 신성하다고 여기는 동물이나 식물을 숭배하는 토템 신앙을 믿고 있습니다. 모든 부족 구성원은 자신들이 섬기는 동물이나 식물을 절대로 먹거나, 사냥하거나, 다치게 하지 않겠다고 약속합니다. 고대 토테미즘 전통은 가장 초기 형태의 동물 보호 방식 중 하나입니다. 하지만 1983년에 우간다의 검은 코뿔소는 밀렵으로 인해 야생에서 완전히 멸종되었습니다. 검은 코뿔소는 빈센트 오피엔이 속한 부족의 토템이었습니다.

우간다는 희귀하고 멸종 위기에 처한 동물들이 사냥당하고, 판매되고, 다른 곳으로 이송되기도 하는 야생 동물 불법 거래의 중심지입니다. 때로는 살아 있는 동물들이 애완동물로 밀수되고 있습니다. 하지만 뿔, 이빨, 비늘, 엄니만 별도로 거래되는 일이 더 많습니다.

젊은 변호사인 빈센트는 밀렵꾼과의 싸움에서 번번이 패해 어려움을 겪고 있는 경비원들이 일하는 야생 동물 공원을 방문했습니다. 그들의 이야기를 들으면서 그는 자신이 직접 나서기로 결심했습니다. 그는 변호사를 그만두고 우간다의 야생 동물 관리국에 들어가 국립 공원을 순찰하는 일을 시작했습니다. 빈센트는 문제의 핵심이 사냥꾼이 아니라는 점을 금방 깨달았습니다. 불법적인 상품들을 거래하는 야생 동물 밀매업자가 문제였던 것입니다. 법조계로 돌아온 빈센트는 이번에는 동물 보호법 분야에서 일하기 시작했습니다. 2013년 그는 야생 동물 밀매업자들을 추적하고 체포하기 위한 첩보 조사단을 설립했습니다. 2017년에는 아프리카의 첫 야생 동식물 재판소를 설립해 8,000명이 넘는 사람들을 체포했고, 매달 최대 열 명의 밀수업자를 감옥으로 보내고 있습니다. 이 같은 조치는 우간다에서 야생 동물을 구하는 데 큰 도움을 주고 있습니다.

"동물들은 다치거나 살해되어도 법원으로 가서 피해 사실을 변호해 줄 가족이 없습니다. 동물들을 위해 말해 줄 수 있는 누군가가 필요합니다. 제가 바로 그 사람입니다."

생명을 주는
신선한 물

푸르른 구슬 모양의 지구는 물로 가득 차 보일지 모르지만, 마실 수 있는 신선한 물은 겨우 2.5퍼센트에 불과합니다. 또한 대부분 빙하에 갇혀 있거나 지하에 있습니다. 전 세계 1퍼센트의 민물은 호수, 강, 습지에 있습니다. 이는 물고기만을 위한 물이 아닙니다!

민물 생태계에는 조류, 양서류, 파충류, 곤충류, 포유류 그리고 우리 인류까지 약 10만 종 이상의 동물과 식물이 살고 있습니다. 이 생물군은 지구에 사는 모든 사람의 생존과 건강에 매우 중요합니다. 마시거나, 씻거나, 농작물을 재배할 깨끗한 물을 공급해 주기 때문입니다.

알래스카의 브룩스 강가에서는 갈색 곰들이 점심을 기다리고 있습니다. 태평양을 건너온 수천 마리의 연어가 바다에서 강 상류를 향해 헤엄쳐 올라가고 있습니다. 북극곰은 운이 좋을 때면 바로 입 안으로 뛰어드는 연어를 맛볼 수 있습니다.

세상을 만드는 강

세계의 물줄기는 산 위에서 여행이 시작됩니다. 산속에서 시작된 물줄기가 강을 따라 흐르면서 땅을 깎아 냅니다. 강은 길들이지 않은 거인이 될 수 있습니다. 세계에서 가장 긴 나일강은 11개국을 거쳐 뱀처럼 구불구불 흐르고, 세계에서 가장 거친 아마존강은 생명으로 가득 차 있습니다. 곤충만 해도 8,000여 종에 달합니다.

1억 개가 넘는 호수

몇몇 강은 긴 여정 끝에 호수에 도달합니다. 지구에는 1억 개가 넘는 호수가 있고, 특히 캐나다에는 세계 어느 나라보다 많은 호수가 있습니다. 가장 오래되고 깊은 호수는 러시아의 바이칼 호수로, 지구의 담수에서 약 20퍼센트를 차지하고 있습니다. 겨울에는 거의 5개월 동안 이 맑은 물이 얼어 있습니다.

야생 동물 40%가 사는 습지

습지, 늪지, 연못 등을 포함하는 습지대는 지구의 약 6퍼센트를 차지하지만, 세계의 야생 동물 40퍼센트가 이곳에 살고 있기 때문에 산호초나 우림 지대처럼 생물의 다양성에 중요한 역할을 합니다. 하지만 더럽고 모기가 많은 탓에 많은 습지에서 물을 빼는 작업이나 흙으로 메우는 작업이 이루어졌습니다. 쓸모없는 땅으로 취급받은 것입니다.

수자원 고갈 위험

오늘날 신선한 물은 금보다 더 소중합니다. 기후 변화, 인간의 개발, 증가하는 수요, 토양 침식 그리고 농업과 산업에 사용되는 화학물질에 의한 오염으로 인해 물은 점점 더 귀해지고 있습니다. 한때 물이 자유롭게 흐르던 강에 우리는 댐을 건설했고, 한때 생명이 가득했던 습지에 우리는 집을 지었으며, 물이 있던 많은 장소에 지금은 물이 하나도 없습니다. 지구의 인구가 2050년까지 거의 100억 명에 이를 것으로 예상되기 때문에 신선한 물은 고갈될 위기에 처해 있습니다.

하지만 우리의 민물 서식지가 기억에서 사라진 것은 아닙니다. 왜냐하면 지구 지킴이들이 마지막 물 한 방울까지 구하기 위해 싸우고 있기 때문입니다.

수돗물이 끊긴 마을을 구한
욜라 음곡와나

열두 살의 학생이자 환경 운동가인 욜라 음곡와나는 남아프리카공화국 수도 케이프타운의 외곽 마을 칼리챠에 사는 약 200만 명 중 한 명입니다. 칼리챠는 '새로운 마을'이라는 뜻입니다. 이곳 사람들은 무허가 주택에 살며 먼 거리를 걸어서 물을 길어 와야 합니다. 이 물을 마시거나, 요리에 사용하려면 반드시 끓여야 합니다. 담수는 반복되는 가뭄과 오염으로 인해 공급이 줄었고, 그나마 얻은 소량의 물에도 독성이 있습니다.

케이프타운의 주민 약 500만 명에게 수돗물 공급 중단 문제는 전혀 새로운 것이 아닙니다. 수돗물 공급은 비가 올 때 도시 주변의 저수지에 받아 놓은 빗물에 의존합니다. 2018년 중반에 3년간 비가 오지 않은 상태에서 저수지는 비어 있었고, 케이프타운은 90일 후면 물이 완전히 바닥이 날 지경이었습니다. 사람들은 하루에 50리터의 물로 생활해야 했습니다. 변기 물을 내려 보내려면 50리터짜리 물이 최소한 다섯 병 필요하다는 것을 알면 그것이 얼마나 적은 양인지 알 수 있습니다. 이는 인간이 초래한 기후 변화의 결과로 인한 최악의 가뭄 중 하나였습니다. 다행히 비가 내렸고 가까스로 물 없는 날인 데이 제로(0)를 피할 수 있었지만, 칼리챠의 물 위기는 끝나지 않았습니다. 욜라는 더 이상 그러한 삶의 방식을 받아들일 수 없었습니다. 그래서 2019년 어른들이 세상을 변화시키기를 기다리다 지친 그녀는 스스로 답을 찾기 위해 행진을 시작했습니다.

> "수돗물이 끊긴 마을에서 어떻게 사람이 살 수 있을까요? 일곱 명인 우리 가족은 55가구와 하나의 수도를 같이 사용합니다. 수도와 거리가 멀고 물이 자주 끊겨서 몸을 씻거나, 요리를 하거나, 변기를 사용할 수가 없습니다."

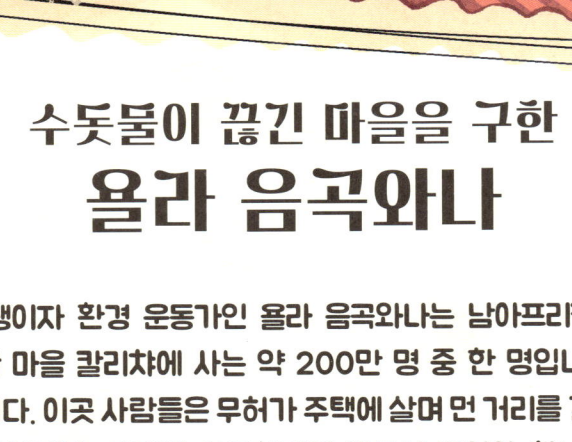

욜라는 '환경을 지키는 전사들' 클럽에 자원했습니다. '어스차일드 프로젝트'가 운영하는 환경을 지키는 전사들 클럽에서 그녀는 지역 사회에 영향을 미치는 문제들과 학교를 긍정적으로 바꿀 방법에 대해 배웠습니다. 또한 그곳에서 배운 것들을 학교 친구들과 공유하고, 그들과 함께 물과 전기 사용을 감시하고 보존하기 시작했으며, 학교에서의 유기농 채소 재배를 위해 벌레 농장을 설립했습니다.

율라는 이 클럽이 없었다면 자신의 삶에 영향을 미치는 환경 문제들을 알지 못했을 것이라고 말합니다. 어스차일드에 들어간 지 두 달 만에 율라는 기후 시위를 주도하고 2,000명 이상의 젊은이들을 향해 용감하게 말했습니다. 그 이후로 그녀는 카엘리샤 전역의 학교에서 자신이 배운 것을 계속해서 공유하며 정규 교육 과정에 환경 교육이 포함되도록 요구해 왔습니다.

"우리 세대는 변화를 위한 준비가 되어 있습니다.
또한 모든 사람에게 가장 좋은 것을
만들 준비도 되어 있습니다.
더 이상 침묵하면 안 됩니다."

작은 환경 운동

수도꼭지에서 물 한 양동이를 받으려면 1분이 걸립니다. 그래서 양치질을 할 때 반드시 수도꼭지를 잠가야 합니다.

깨끗한 물을 만든
푸르바 슈리바스타바

인도 북부 마을인 둘레트에서는 매일 여성들이 지하수를 끌어 올리는 작은 우물로 무거운 컨테이너를 끌고 갔다가 돌아옵니다. 이는 등골이 휠 만큼 힘든 작업입니다. 그런데 물이 마르거나, 농약으로 오염되면서 이 일마저 불가능해졌습니다. 안전하지 않은 물과 더불어 마을 사람들은 란타나 카마라고 불리는 침습성의 잡초와도 끊임없이 싸우고 있습니다. 이 잡초는 토종 식물들을 죽이고, 이를 먹는 동물들은 병이 듭니다. 마을 사람들은 이 잡초를 태워 죽이며 쓰레기를 잔뜩 남깁니다. 스물두 살의 공학도인 푸르바 슈리바스타바에게는 더러운 물과 식물 쓰레기라는 두 가지 문제를 해결하고, 깨끗한 물을 만들 아이디어가 있었습니다.

푸르바는 강철 드럼통을 벽돌 위에 올린 다음 밑바닥에는 구멍을 뚫고, 위로는 공기구멍을 내어 파이프를 굴뚝처럼 삽입했습니다. 드럼통 내부에서는 고온에서 산소 없이 코코넛 껍데기와 농작물 쓰레기를 태워 연기가 나지 않게 했습니다. 그러면 쓰레기가 숯으로 변하게 되는데, 이는 물을 걸러 주는 매우 효과적인 필터가 됩니다.

푸르바가 이름을 지은 이 바이오 숯은 둘레트의 물탱크 안에 넣어 두고 매일 3,000리터의 지하수를 안전한 식수로 여과할 수 있습니다. 마을에서는 각 가정마다 매월 소액의 물탱크 운영과 관리 비용을 지불합니다. 이 돈은 물탱크를 관리하는 여성들의 급여로 지급됩니다. 이로써 신선하고 깨끗한 물이 마을에 공급됩니다.

> "인도에서는 물 위기로 인해 시골 마을들이 최악의 상황을 맞고 있습니다. 전기로 작동하는 물 필터는 일주일 동안의 식량과 생활비에 해당하는 비용이 듭니다. 그에 비해 바이오 필터는 모든 사람에게 깨끗한 물을 공급합니다."

작은 환경 운동
빗물을 모아 두면 마당을 청소하거나, 화단을 가꿀 때 사용할 수 있습니다.

정글 여행을 떠난
앨런 라비노위츠 박사
(1953-2018)

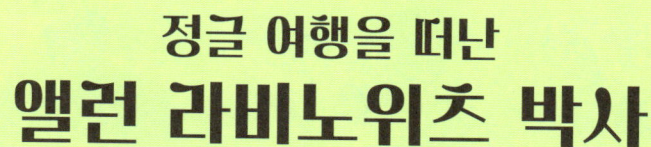

동물학자인 앨런 라비노위츠 박사는 30여 년 동안 재규어와 그 서식지를 보존하기 위해 일했습니다. 재규어의 서식지는 남미의 아르헨티나에서 북미의 멕시코에 이르기까지 18개국에 걸친 야생 지대입니다. 재규어에 대한 그의 사랑은 어린 시절, 심한 말더듬이 증세가 나타난 직후부터 시작되었습니다. 앨런의 아버지는 매주 그를 뉴욕의 브롱크스 동물원에 데려갔고, 거기서 그는 재규어와 자유롭게 이야기했습니다.

앨런은 재규어가 동물원 우리 안에 갇혀 있다는 사실을 세상이 모르고 있다고 느꼈습니다. 또한 세상이 자신의 목소리도 머릿속에 갇혀 있다는 것을 알지 못한다고 생각했습니다. 앨런은 만약 목소리를 되찾게 된다면 재규어를 대변하고 재규어 종을 구하는 데 힘쓰겠다고 다짐했습니다.

> "우리는 미래 세대에게 무엇을 물려줄지 생각해 보아야 합니다. 사자, 호랑이, 재규어, 표범에게도 무언가를 주어야 합니다. 반드시 그래야 합니다."

재규어는 먹이를 사냥하고 짝을 찾기 위해 '재규어 통로'라고 불리는 자연의 숲길을 통해 수백 킬로미터를 이동합니다. 1800년대 중반 이후 재규어들은 활동 영역의 절반을 도로, 운하, 농장, 소 목장 등으로 잃었습니다. 때로는 소를 공격하다가 죽임을 당하기도 했습니다.

앨런은 1986년 벨리즈에서 세계 최초의 재규어 보존 센터를 설립했고, 2006년에는 야생 고양이류 동물 보호 단체인 '판테라'를 공동 설립했습니다. 판테라는 재규어와 목장주들이 평화롭게 공존하도록 돕는 동시에, 재규어 통로를 보호하기 위해 숲을 구입할 자금을 모금하는 활동을 합니다. 2014년 앨런은 판테라를 이끌며 남미의 거대한 습지인 판타나우에서 축구장 약 1만 4,000개 크기의 지역을 보호함으로써 세계에서 가장 큰 재규어 통로를 건설하는 일을 주도했습니다. 이곳은 지구상에서 가장 많은 수의 재규어가 서식하는 장소로 여겨지고 있습니다.

작은 환경 운동

서식지를 보존하는 데 도움이 되는 지역을 청소하는 활동에 참여하면 멸종 위기에 처한 종을 보호할 수 있습니다.

광활하고 메마른
사막

뜨거운 열기로 인해 아지랑이가 이글거리는 사막의 모든 지평선에는 눈과 얼음으로 반짝이는 가파른 모래 언덕이 있습니다. 사막은 극한의 장소입니다. 몹시 뜨겁거나, 몹시 춥거나, 때로는 이러한 두 날씨가 하루에 전부 나타나는 곳도 있습니다. 공통점은 모든 사막이 매우 건조하다는 점입니다.

사막은 모든 대륙에서 볼 수 있으며, 지구의 약 20퍼센트를 차지하고 있습니다. 사막은 대기 중 습기가 거의 없는 곳에서 만들어집니다. 열대 지역, 높은 산맥의 강우량이 적은 비 그늘, 대륙의 서쪽 가장자리, 심지어는 빙붕에도 사막이 있습니다.

극한의 환경

중앙아시아의 외진 내륙에 있는 고비 사막은 12월이 되면 북극의 겨울보다 추운 섭씨 영하 40도까지 기온이 떨어질 수 있습니다. 세계에서 가장 크고 뜨거운 사막은 아프리카의 사하라 사막입니다. 이곳에서는 매년 내리는 비의 양이 평균 75밀리미터에 불과합니다. 또한 거대한 모래폭풍이 갑자기 발생할 수 있으며, 이는 사하라 사막의 비옥한 모래를 공중으로 흩뿌릴 수 있습니다. 그러면 이 모래는 세계의 반 바퀴를 돌고 아마존을 비옥하게 만드는 데에도 도움을 줍니다.

작은 참새 올빼미들은 층층이 자란 사와로 선인장의 가시에도 아랑곳하지 않고 나무줄기에 난 딱따구리 구멍에 둥지를 틉니다.

생존자들

황량한 사막에서는 생명체가 살지 못할 것 같기도 합니다. 하지만 지구상에서 가장 강한 야생 동물과 10억여 명의 사람이 사막에 의존해서 살고 있습니다. 북미 남서쪽 끝에는 소노란 사막이 있습니다. 이곳은 지구상에서 생물 다양성이 가장 발달한 사막 중 하나입니다. 약 3,500여 종의 식물, 1,000여 종의 벌, 500여 종의 새, 100여 종의 파충류 그리고 60여 종의 포유류가 뜨거운 열기에 완벽하게 적응하고 있습니다.

방울뱀들은 머리를 위로 치켜세우고 반짝이는 모래 위를 스르륵 이동합니다. 달리기가 빠르기로 유명한 로드러너(미국산 뻐꾸깃과의 새)는 자신의 배설물에서 다시 수분을 섭취함으로써 물을 마시지 않고도 일생을 살 수 있습니다. 가지뿔영양은 사막에서 가장 성공한 생존자 중 하나입니다. 이 녀석들은 몸에서 열이 빠져나오도록 털을 곤두세울 수 있습니다. 코요테나 라쿤을 닮은 알락꼬리고양이 등의 포유류는 기온이 내려가는 밤에 주로 활동을 하는 야행성 동물입니다.

몇몇 사막 식물은 지하 깊은 곳에 고여 있는 물까지 닿을 만큼 수도관처럼 아주 긴 뿌리를 가지고 있습니다. 다육 식물은 물을 가둬 두는 두꺼운 밀랍 코팅이 되어 있는 잎이 달린 사막 식물입니다. 또한 가시선인장은 줄기를 먹으려고 하는 동물들에 방어를 하기 위해 길고 날카로운 가시를 가지고 있습니다.

위기의 사막

세계가 점점 더워지고, 극심한 가뭄이 점점 일상화됨에 따라 우리의 사막은 더욱 척박한 곳으로 변해 가고 있습니다. 인간의 활동들로 인해 새로운 사막도 생겨나고 있습니다. 매년 그리스와 거의 같은 크기의 지역이 사막으로 변하고 있습니다. 이는 우리가 사막의 가장자리에 있는 숲을 파괴하고, 농사를 지으면서 과도하게 풀을 베어 내고, 지나치게 땅을 혹사한 결과입니다. 한때 비옥했던 땅이 서서히 쓸모없는 땅으로 변하고 있습니다.

하지만 우리의 지구 지킴이들이 사막화를 저지하기 위해 싸우고 있습니다.

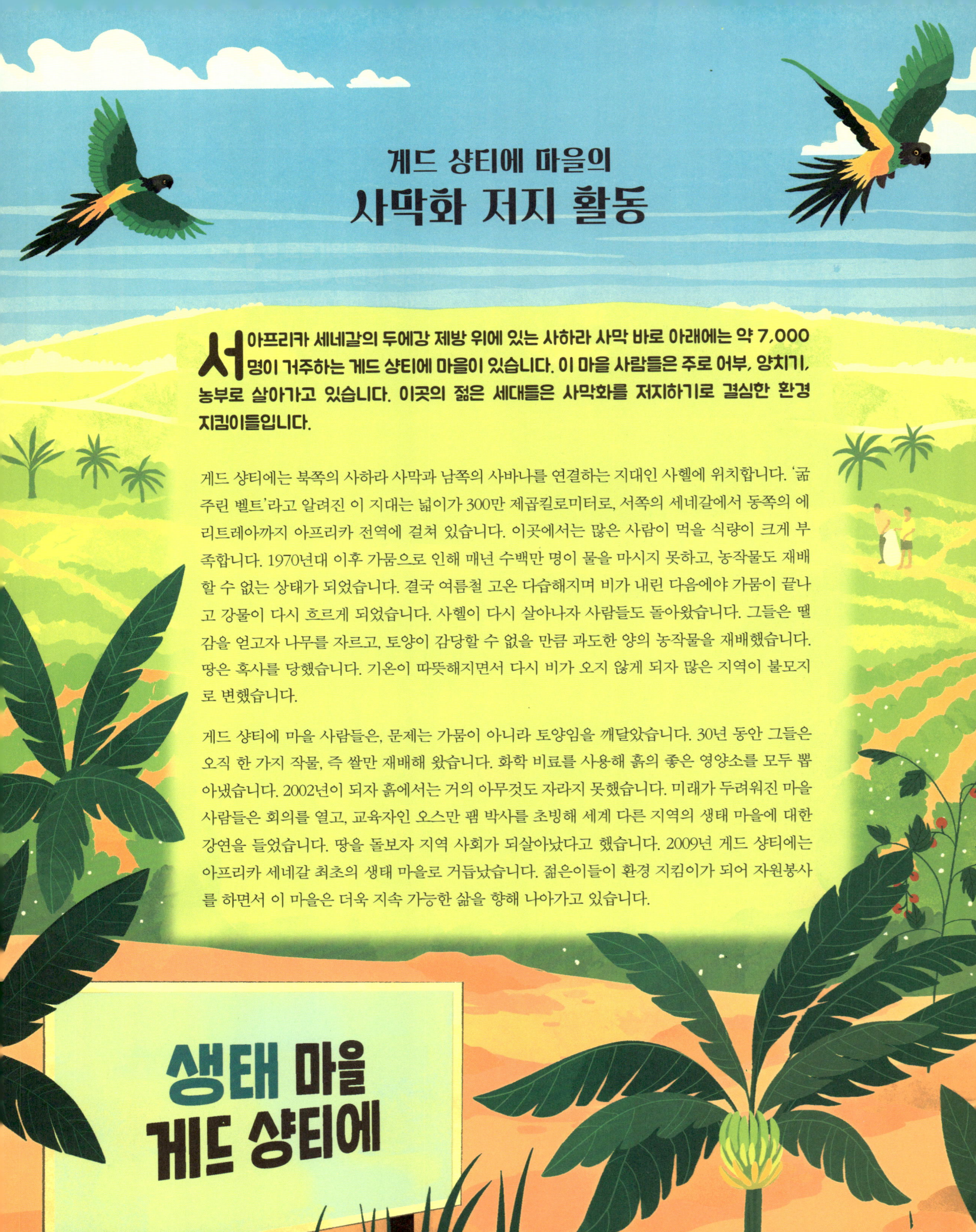

게드 샹티에 마을의
사막화 저지 활동

서아프리카 세네갈의 두에강 제방 위에 있는 사하라 사막 바로 아래에는 약 7,000명이 거주하는 게드 샹티에 마을이 있습니다. 이 마을 사람들은 주로 어부, 양치기, 농부로 살아가고 있습니다. 이곳의 젊은 세대들은 사막화를 저지하기로 결심한 환경 지킴이들입니다.

게드 샹티에는 북쪽의 사하라 사막과 남쪽의 사바나를 연결하는 지대인 사헬에 위치합니다. '굶주린 벨트'라고 알려진 이 지대는 넓이가 300만 제곱킬로미터로, 서쪽의 세네갈에서 동쪽의 에리트레아까지 아프리카 전역에 걸쳐 있습니다. 이곳에서는 많은 사람이 먹을 식량이 크게 부족합니다. 1970년대 이후 가뭄으로 인해 매년 수백만 명이 물을 마시지 못하고, 농작물도 재배할 수 없는 상태가 되었습니다. 결국 여름철 고온 다습해지며 비가 내린 다음에야 가뭄이 끝나고 강물이 다시 흐르게 되었습니다. 사헬이 다시 살아나자 사람들도 돌아왔습니다. 그들은 땔감을 얻고자 나무를 자르고, 토양이 감당할 수 없을 만큼 과도한 양의 농작물을 재배했습니다. 땅은 혹사를 당했습니다. 기온이 따뜻해지면서 다시 비가 오지 않게 되자 많은 지역이 불모지로 변했습니다.

게드 샹티에 마을 사람들은, 문제는 가뭄이 아니라 토양임을 깨달았습니다. 30년 동안 그들은 오직 한 가지 작물, 즉 쌀만 재배해 왔습니다. 화학 비료를 사용해 흙의 좋은 영양소를 모두 뽑아냈습니다. 2002년이 되자 흙에서는 거의 아무것도 자라지 못했습니다. 미래가 두려워진 마을 사람들은 회의를 열고, 교육자인 오스만 팸 박사를 초빙해 세계 다른 지역의 생태 마을에 대한 강연을 들었습니다. 땅을 돌보자 지역 사회가 되살아났다고 했습니다. 2009년 게드 샹티에는 아프리카 세네갈 최초의 생태 마을로 거듭났습니다. 젊은이들이 환경 지킴이가 되어 자원봉사를 하면서 이 마을은 더욱 지속 가능한 삶을 향해 나아가고 있습니다.

생태 마을
게드 샹티에

환경 지킴이들은 자연과 어울리며 사는 방법을 배웠습니다. 또한 폐기물 수집, 학교 정원 만들기, 맛있는 과일과 그늘을 모두 제공하는 과수원 조성을 위한 프로젝트를 이끌었습니다.

젊은 환경 지킴이들의 활동에 감동을 받은 어른들은 한층 더 발달한 지속 가능한 방식의 농사를 시작했습니다. 그들은 한 종류의 농작물을 심는 대신 계절마다 벼, 토마토, 양파, 옥수수 그리고 오크라라고 불리는 녹색 채소들을 재배했습니다. 각각의 농작물마다 땅에서 다른 영양분을 흡수하면서 토양을 쉬도록 했습니다. 농부들은 폐기물을 압축하고, 씨앗을 수확하고, 살충제를 사용하지 않고 농작물을 키우며, 아프리카 전역의 다른 마을들도 생태 마을이 되도록 돕고 있습니다.

작은 환경 운동

학교에서 환경 보호 활동을 시작하는 일에 대해 선생님과 상의해 보는 건 어떨까요? 이를 통해 채소밭을 만들거나, 재활용 은행을 만들 수도 있습니다.

"30년 전 우리는 화학 약품과 살충제를 우리 지역 사회에 도입해 사용했습니다. 하지만 늘 그랬던 것은 아니었어요. 우리는 한때 유기농으로 농사를 지었습니다. 이제 우리는 다시 유기농을 하는 농부들이 되었습니다. 자연과 더불어 살아가고 있는 것이죠."

"온종일 걸어서 우물까지 갔다가 요르단의 분홍색 아라비아 사막까지 되돌아온 후에야 나는 차를 한 잔 마실 수 있었습니다. 내 생애 처음으로 물을 찾아 헤매며 하루를 보내는 것이 어떤 기분인지 알게 되었습니다."

사막을 달리는 마라톤 선수
미나 굴리

호주에서 기업가로 활동 중인 미나 굴리는 물 위기와의 싸움에 발을 들여놓았습니다. 2030년까지 세계 인구의 40퍼센트가 물 부족에 직면하게 된다는 충격적인 전망을 보고 깜짝 놀란 것이 계기가 되었습니다. 이는 우리가 보유한 신선한 물이 우리에게 필요한 신선한 물보다 턱없이 부족하다는 뜻입니다. 호주에서 가뭄을 겪어본 적 있는 미나는 이것이 얼마나 심각한 일인지 알고 있었습니다. 그래서 2016년 물 부족에 대한 세계의 각성을 촉구하기 위해 행동에 나섰습니다. 그녀는 7주 동안 일곱 곳의 가장 건조한 사막에서 40회 연속 마라톤을 뛰기 시작했습니다.

미나가 스페인, 요르단, 남극, 호주, 남아프리카, 칠레를 가로지르는 동안 열여섯 명의 트레이너가 함께 뛰었습니다. 그녀의 지지자들은 하루에 커피 한 잔을 덜 마시는 것에서부터 일주일에 하루는 고기를 먹지 않는 것까지 일상의 습관을 바꿈으로써 총 1억 리터의 물을 절약하겠다고 약속했습니다.

미나의 사막 마라톤은 2018년 '러닝드라이(#RunningDry, 고갈과 사막 달리기라는 의미 – 옮긴이 주)' 캠페인을 위한 준비 운동이었습니다. 그녀는 100일 만에 100회의 마라톤을 개최하고, 물이 가장 부족한 지역 사회를 방문했습니다. 우즈베키스탄의 아랄해를 가로지르고 있을 때에는 물 위기의 심각성을 실감했습니다. 한때 세계에서 가장 큰 호수였던 아랄해는 사람들이 땅을 관개하기 위해 강물의 흐름을 바꾼 후 크기가 90퍼센트나 줄어들었습니다. 지금 이곳은 녹슨 배들이 버려져 있는 묘지로 전락하고 말았습니다.

62번째 마라톤을 끝낸 후 미나는 다리가 부러지는 바람에 달리기를 중단해야 했습니다. 그러자 44개국에서 온 수천 명의 지지자들이 미나의 목표 달성을 돕기 위해 자신이 달린 거리를 기부하기 시작했습니다. 그들은 800회가 넘는 마라톤을 뛰며 미나의 물 절약 메시지를 전 세계에 전달했습니다.

작은 환경 운동
사람들의 평균 샤워 시간은 8분이고, 약 250컵인 62리터의 물을 사용합니다. 물은 한 방울, 한 방울이 소중합니다. 그러니까 샤워 시간을 조금 줄여 보면 어떨까요?

나무 여인
왕가리 마타이
(1940-2011)

"중요한 것은 이 땅의 여성들이 땅을 어떻게 보존해야 하는지 알아야 한다는 것입니다."

케냐의 환경학자인 왕가리 마타이는 아프리카 전역에 5,000만 그루의 나무를 심었습니다. 그녀가 이 일을 시작한 것은 어린 시절, 고향인 니에리에 있는 무화과나무의 나뭇가지 아래에서 놀고 있을 때부터였습니다. 왕가리의 어머니는 이렇게 말하곤 했습니다. "그 나무는 신의 나무란다. 우리는 그 나무를 태우지도 않고 베어 내지도 않아. 또 그 나무로 집을 짓지도 않아. 단지 가능한 오래 살도록 내버려 두기만 한단다." 자연에 대한 이 뿌리 깊은 존중이 왕가리가 나중에 나무 보호 활동을 하는 데 도움이 되었습니다.

1960년 스무 살이 된 왕가리는 생물학을 공부하기 위해 미국으로 유학을 떠났습니다. 6년 후 그녀는 집으로 돌아왔지만, 어렸을 때 놀던 나무가 보이지 않았습니다. 사람들이 차밭을 만든다는 이유로 잘라 낸 것이었습니다. 아프리카의 많은 지역에서는 사람들이 농장과 농작물 재배지를 만들기 위해 숲을 파괴하고 있습니다. 왕가리는 마침내 어머니가 들려준 지혜를 이해했습니다. 지표면으로 물을 끌어 올리는 깊은 나무뿌리가 없다면 하천이 말라 가고 흙이 쓸려 나갑니다. 여성들은 이제 더 나아가 땔나무와 깨끗한 물과 음식을 공급받고 있습니다. 왕가리는 자연의 균형을 회복하는 데 도움을 줄 수 있다면 여성들에게도 힘을 실어 줄 수 있을 것이라고 생각했습니다. 1977년 왕가리는 여성들이 나무를 심고 자라도록 돕기 위해 그린벨트 운동을 시작했습니다. 나무들은 음식과 장작을 제공했고, 뿌리는 흙을 단단하게 묶어 주었으며, 빠르게 자란 나무들은 판매되어 귀중한 수입이 되었습니다. 그린벨트 운동은 40년 동안 5,000만 그루 이상의 나무를 심어 자연과 사람들의 삶을 변화시키고 있습니다.

작은 환경 운동

다음번 생일에는 종이 포장지 대신 선물 가방을 재사용하거나, 재활용 종이로 선물을 포장하는 창의성을 발휘해 보세요. 그러면 숲이 고마워할 거예요.

거대하고 푸르른 미지의
바다

바다는 오직 하나뿐이며, 지구의 약 70퍼센트를 차지하고 있습니다. 끊임없이 움직이는 바다에서는 거대한 힘이 작용해 지구 전체의 생명에 큰 힘을 주고 있습니다.

바다의 지표면에서는 열대 지역에서 극지까지 따뜻한 물을 실어 나르며 세계의 기후를 형성하는 데 도움을 줍니다. 햇볕이 바다 표면에 내리쬐면 식물성 플랑크톤인 미세 조류들은 광합성을 통해 세계의 산소 중 최소한 절반을 방출합니다. 그러면 따뜻한 지표면의 물이 증발하고 응축되어 지구 전체에 생명을 주는 비를 운반하는 구름을 만듭니다. 극지방의 차갑고 영양분이 풍부한 물은 깊은 바다의 바닥으로 가라앉습니다. 깊은 바다에서는 바닷물이 강처럼 흐르면서 전 세계를 가로지릅니다. 음식과 물에서부터 우리가 숨 쉬는 공기까지 우리의 건강이 바다와 절대 분리될 수 없는 관계인 것은 분명합니다.

하와이 외곽의 따뜻하고 얕은 바다에 서식하는 상어인 그레이 리프 샤크는 산호초를 순찰하며 물고기, 해파리, 문어 등을 잡아먹습니다.

더욱더 깊은 바다에서

태평양의 햇빛이 어른거리는 그늘에서는 다채로운 색깔의 열대어류들이 아래에 있는 산호초 도시를 들락날락하고, 푸른 바다거북들은 숨을 쉬려고 머리를 바다 위로 내밉니다. 멸치 떼는 가마우지들이 파도 속으로 자맥질을 하면 사방으로 흩어집니다. 또한 돛새치도 먹잇감을 쫓으며 물살을 가릅니다.

200~1,000미터 아래 햇빛이 닿는 바닷속 가장 깊은 곳에 이르면 식물이 사라지고 빛과 온기도 함께 사라집니다. 미생물, 갓 부화한 물고기 그리고 게나 바닷가재 같은 갑각류, 동물성 플랑크톤이 심해에 살고 있습니다. 동물성 플랑크톤은 심해성 발광어(스스로 빛을 내는 물고기)를 포함한 다른 동물들과 함께 밤에 수면으로 이동해 식물성 플랑크톤을 먹은 다음 다시 심해로 돌아옵니다.

바닷속으로 1,000미터 이상 깊이 들어가면 햇빛이 닿지 않는 암흑 지대가 시작됩니다. 이곳에서는 트럭 크기의 거대한 오징어가 버스보다 큰 향유고래보다 더 빨리 헤엄치며 다닙니다. 깊이 들어갈수록 수압(바닷물이 누르는 압력)도 커집니다. 4,000미터 깊이에 이르면 뼈가 으스러지는 심해대가 시작됩니다. 척박한 이곳에서도 바다거미와 같은 해양 생물이 진흙 바닥을 걸어 다니며 먹잇감을 사냥하고 있습니다. 해저에 있는 거대한 균열은 더 깊은 미지의 세계로 들어가는 해구로 연결됩니다.

깊은 바다에서

아름다운 푸른 바다는 남용되고 있으며, 제대로 보호받지도 못하고 있습니다. 한 트럭을 가득 채운 플라스틱이 거의 1분마다 바다에 버려집니다. 고래나 상어 등 많은 해양 생물은 사냥을 당해 멸종 위기에 처해 있습니다. 또한 바닷물의 온도가 높아지면서 지구상에서 가장 훌륭한 자연의 경이 중 하나인 산호초가 파괴되고 있습니다.

거친 바다가 생존을 위해 몸부림치고 있지만, 두려움을 모르는 지구 지킴이들은 이곳에서도 용감하게 활동하고 있습니다.

비닐봉지 추방 운동을 시작한
멜라티 위즌과 이사벨 위즌

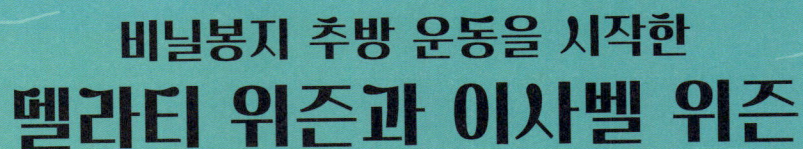

인도양에는 바다 위로 정글 언덕이 솟아난 것처럼 보이는 에메랄드빛 섬이 있습니다. 이곳에는 플라스틱 쓰레기가 끊임없이 펼쳐져 있습니다. 인도네시아 발리에 있는 이 섬에서는 매일 14층짜리 건물을 채우고도 남을 만큼의 플라스틱이 버려지고 있습니다. 이 쓰레기들은 하수구, 강 그리고 마지막으로 바닷속에 들어갑니다. 인도네시아는 중국에 이어 세계에서 두 번째로 큰 플라스틱 오염원이 되었습니다. 하지만 2013년 자매인 멜라티 위즌과 이사벨 위즌이 비닐봉지를 추방하고 섬을 되찾기로 결심하면서 분위기가 바뀌기 시작했습니다.

매년 800만 톤의 플라스틱, 즉 이집트 기자의 거대한 피라미드보다도 더 많은 양의 플라스틱 쓰레기가 바다로 흘러 들어갑니다. 이는 미세 플라스틱 조각으로 쪼개져 고래와 같은 여과 섭식 동물들이 흡입을 하고 있습니다. 바다 전역에서는 거북이와 같은 동물들이 비닐봉지를 해파리로 착각하고 먹는 일이 벌어지고 있습니다. 바닷새들은 떠다니는 플라스틱 조각을 둥지로 가져가 새끼들에게 먹이고, 바다표범과 같은 생물들은 버려진 그물에 갇힙니다. 이런 그물은 물속에서 거의 보이지 않아 '유령 그물'이라고 불립니다.

멜라티와 이사벨은 학교에서 남아프리카공화국의 첫 흑인 대통령 넬슨 만델라, 미국의 시민권 운동가 마틴 루터 킹 목사, 지뢰 금지 운동가 영국의 다이애나 왕세자비 등 영향력 있는 사람들에 대해 배우고 있었습니다. 자신의 신념을 위해 싸움으로써 세상을 바꾸는 데 도움을 준 사람들이었습니다. 멜라티와 이사벨도 자신들이 사는 지역을 바꾸길 원했지만, 무엇을 해야 할지 몰랐습니다. 그러던 어느 날 바닷가를 거닐다 발목에 부딪치는 플라스틱 쓰레기를 보고 그들은 답을 얻었습니다. 자매는 '비닐봉지 추방 운동'이라는 환경 보호 단체를 설립하여 발리의 플라스틱 쓰레기 문제를 해결하는 데 도움을 주었습니다.

> "발리에서 온 젊은이들이 우리가 강과 논에 쌓인 플라스틱을 청소하고 길거리에서 도랑을 치우는 동안 우리 청소팀에 합류했습니다. 1만 2,000명이 우리를 도와 단 하루 만에 43톤의 폐기물을 수거했습니다."

2014년 발리섬의 주지사가 멜라티와 이사벨를 만나자고 요청하면서 이들 자매의 노력이 주목을 받게 되었습니다. 주지사는 발리섬에서 비닐봉지의 사용을 전면 금지하겠다고 약속했습니다. 그리고 2019년 새로 취임한 주지사가 비닐봉지 금지법을 제정하면서 이 약속은 지켜졌습니다. 멜라티와 이사벨이 캠페인을 시작한 지 6년이 지난 후 발리에서는 마침내 비닐봉지가 영원히 사라졌습니다.

"아이들에게는 일을 추진하는 힘이 있습니다. 사업 계획이나 숨겨진 의제가 필요하지도 않습니다. 모든 일은 아이디어와 친구들의 모임에서 시작됩니다. 무언가를 하고 싶어 하는 사람은 일단 시작해 보세요! 쉽지는 않을 거예요. 하지만 우리를 믿어 보세요. 시작하기를 잘했다는 생각이 들 것입니다."

작은 환경 운동

다시 사용할 수 있는 가방을 사서 장식을 꾸미고 계속 반복해서 사용하면 여러분도 비닐봉지를 추방할 수 있습니다.

파랑비늘돔 보호 활동을 하는
아야나 엘리자베스 존슨 박사

미국 브루클린에서 태어난 아야나 엘리자베스 존슨 박사는 다섯 살 때 놀러 간 플로리다에서 산호초를 처음 보고 한눈에 반했습니다. 유리로 된 보트의 바닥을 내려다보자 마법 같은 수중 세계가 드러났습니다. 그때 아야나는 해양 생물학자가 되기로 결심했습니다. 25년 후 카리브해에서 산호초를 연구하던 중 그녀는 다시 한번 사랑에 빠졌습니다. 이번 대상은 엄청나게 화려한 물고기였습니다.

날카로운 이빨이 촘촘히 나 있는 파랑비늘돔은 산호초의 건강에 매우 중요한 역할을 합니다. 파랑비늘돔은 수중 잔디 깎기처럼 산호초 위에서 자라는 털 많은 해조류를 계속 뜯어 먹는데, 그 덕분에 산호초가 잘 성장을 합니다. 불행하게도 카리브해의 퀴라소와 보네르에서는 이 지역 어부들이 설치한 그물과 덫 때문에 의도치 않게 어린 파랑비늘돔들이 잡혔고, 이로 인해 개체 수가 감소했습니다. 그 결과, 산호초는 해양 식물인 조류에 뒤덮이고 말았습니다. 2007~2016년 아야나는 파랑비늘돔의 개체 수를 확인하고 카리브해 지역의 어부들과 함께 바다의 매우 중요한 존재인 파랑비늘돔(VIP)들을 보호하기 위한 일을 시작했습니다. 그녀와 어부들은 힘을 합쳐 의도치 않은 어획을 80퍼센트 줄이기 위한 계획을 다시 세웠습니다. 아야나의 연구 결과는 카리브해의 많은 지역에서 파랑비늘돔을 보호하는 데 도움을 주었습니다. 바부다섬에서는 바다에 안전지대를 설정해 고기잡이가 과도하게 이루어지지 않도록 도왔습니다. 이러한 조치들은 이제 카리브해에 있는 다른 섬 전체에서 채택되어 지역 주민들이 해양 자원을 고갈시키지 않고 최대한 안전하게 활용할 수 있도록 돕고 있습니다.

> "카리브해의 산호초에는 500종 이상의 물고기가 살고 있지만, 내 머릿속을 맴도는 것은 오로지 파랑비늘돔뿐이었습니다."

작은 환경 운동

바다에서 나온 식품들의 포장을 확인하고 구매하는 것만으로도 해양 생물을 보호할 수 있습니다. 우리가 해야 할 일은 이 식품들이 지속 가능한 방식으로 포획되거나, 양식된 것인지 확인하는 것입니다.

범고래 구하기 활동을 하는
에릭 호이트

빠른 수영 실력을 자랑하는 바다의 포식자 범고래는 '살인자'라는 명성을 얻을 정도로 성질이 포악합니다. 이 고래들은 지난 수십 년 동안 어부들의 총에 맞아 죽거나, 사람들에게 잡혀 수족관으로 보내졌습니다. 캐나다계 미국인 해양 보호 활동가인 에릭 호이트는 고래와 돌고래 그리고 그들의 해양 서식지를 보호하는 일에 일생을 바쳤습니다.

1973년 스물세 살의 에릭은 지구에서 가장 많은 수의 범고래를 끌어들이는 캐나다의 롭슨 바이트만에서 연구원들과 함께 세계 최초의 야생 범고래 연구를 시작했습니다. 7년 동안 여름철마다 북극으로 이동하는 도중 이곳을 들르는 범고래들을 관찰하면서 에릭은 등지느러미 모양으로 이들을 식별하는 법을 배웠습니다. 특히 눈에 띄는 녀석은 호기심 많은 암컷 스텁스였습니다. 또한 롭슨 바이트만이 왜 그렇게 범고래들에게 특별한지도 알게 되었습니다. 범고래들은 이곳의 얕은 곳을 헤엄치면서 엄지손가락 크기의 부드러운 자갈들에 몸을 문지르고 있었던 것입니다. 이들의 이동 경로에서 이런 행동을 할 수 있는 곳은 롭슨 바이트만 외에는 아무 데도 없었습니다.

1970년대 후반에는 한 벌목 회사가 롭슨 바이트만 위에 있는 언덕에서 나무를 베는 작업을 허가받았습니다. 범고래들이 몸을 문지르는 장소로 통나무들이 떠내려오게 되었던 것입니다. 에릭과 그의 동료들은 범고래들이 쫓겨날 것이 걱정되어 1982년까지 2년 동안 반대 운동을 전개했습니다. 결국 캐나다 정부는 롭슨 바이트만을 생태 보호 구역으로 지정했습니다. 2010년 에릭

"롭슨 바이트만에서의 싸움은 내 인생의 경로를 설정하는 계기가 되었습니다. 그 과정에서 해양 포유류를 보호할 지역을 찾기 위해 바다 전체의 지도를 완성했습니다."

이 롭슨 바이트만으로 돌아갔을 때 스텁스가 새끼를 데리고 나타났습니다. 30여 년 전 에릭이 처음 본 스텁스의 후손들도 있었습니다. 에릭은 범고래들이 몸을 문지르는 통로를 보호함으로써 다음 세대의 범고래를 보존하는 데 도움을 주었습니다.

작은 환경 운동

여러분도 고래와 돌고래를 보호하는 데 도움을 줄 수 있습니다. 바다는 그들의 집이며, 우리 인간은 잠깐 방문하는 것이라는 점을 기억하면 됩니다. 또한 해변으로 떠날 때면 반드시 쓰레기를 집으로 가져가야 합니다.

얼음 세상
극지방

이 세상에는 사람의 발길이 거의 닿지 않는 곳이 있습니다. 북극은 지구의 가장 북쪽 끝에 위치합니다. 이곳은 육지로 둘러싸인 얼어붙은 바다입니다. 북극과 완전히 반대편에 있는 극지대인 남극은 바다에 둘러싸인 얼어붙은 대륙입니다.

1년 중 6개월 동안은 태양이 극지에서 떠오르지 않기 때문에 북극과 남극은 번갈아 가며 밤이 계속됩니다. 햇빛은 거의 없고, 날씨는 몹시 추우며, 신선한 물은 한정되어 있습니다. 이 얼음 세상은 지구의 가장 혹독한 서식지이며, 생명의 생존 능력이 어디까지인지 한계를 시험하고 있습니다.

하얀 극지에서 살아가는 생명체들

북극의 낮은 위도에 있는 툰드라 지역에서는 수백 종의 저성장 식물이 발견되고 있습니다. 더 춥고 얼음이 많은 남극 대륙에서도 이끼나 곰팡이가 자라고 있습니다. 먹을 것이 너무 적어서 육지에 살 수 있는 동물은 거의 없습니다. 하지만 물이 있는 곳에는 생명체가 풍부합니다. 북극의 일각고래와 바다표범부터 남극의 고래와 바닷새에 이르기까지 해양 생물들은 바다를 건너 극지방으로 이동하면서 분홍색 솜사탕 덩어리처럼 보이는 크릴새우라 불리는 작은 갑각류 떼를 실컷 먹어 치웁니다. 크릴새우는 먹이 사슬 체계에서 작지만 아주 중요한 연결고리입니다.

북극의 기온은 섭씨 영하 50도까지 떨어질 수 있습니다. 이는 냉동고보다 거의 세 배나 더 추운 온도입니다.

겨울의 전사들

동물들이 극지방에서 살아남으려면 무적의 겨울 외투가 필요합니다. 북극여우는 계절에 따라 두꺼운 털이 변합니다. 겨울에는 새하얀 색이 되고, 여름에는 주변의 바위와 비슷한 회색으로 바뀝니다. 그래서 먹잇감을 향해 몰래 다가갈 수 있습니다. 북극 늑대들은 털이 두 개의 층으로 되어 있습니다. 속 털은 부드럽고 따뜻하며, 겉 털은 외투처럼 길고 뻣뻣합니다. 눈덧신토끼는 털신을 신은 것처럼 보이는 커다란 다리를 지니고 있어서 눈 위를 걸을 수 있습니다.

북극의 많은 포유류와 마찬가지로 북극곰은 두꺼운 피부와 피부보다 더 두꺼운 지방층을 가지고 있습니다. 이 지방층은 에너지를 저장해 두는 창고 같은 역할을 합니다. 그 덕분에 바다표범을 잡기 위해 빙하 위로 나가 있는 동안 체온이 유지됩니다. 범고래들은 집단으로 바다표범을 사냥하는데, 파도를 일으켜 얼음 위에서 바다표범을 떨어뜨리는 방식을 사용합니다.

녹고 있는 해빙

지구의 온도가 높아짐에 따라 해빙은 줄어들고 있습니다. 그 결과 얼음이 햇빛을 반사해서 낮은 온도를 유지하지 못하고 검은 바다가 열을 흡수합니다. 북극과 남극이 지구 전체의 평균보다 더 빨리 따뜻해지면서 이곳에 서식하는 동물들의 생존에 대한 적응 속도가 제대로 따라가지 못하고 있습니다. 해빙이 녹으면서 북극곰들의 사냥터는 사라지고 있습니다. 이에 북극곰은 더 멀리 헤엄쳐 가서 해빙을 찾거나 육지로 돌아와야 합니다. 해빙이 더 많이 녹을수록 해수면이 높아지면서 해안의 동물 서식지와 지역 사회는 위협받고 있습니다.

지구의 건강이 살얼음판 위에 놓이게 되자 지구 지킴이들은 해빙이 녹는 것을 막기로 결심했습니다.

기후 시위를 벌이는 아이들의
미래를 위한 금요일

시위는 2018년 스웨덴의 수도 스톡홀름에서 시작되었습니다. 그레타 툰베리라고 하는 열다섯 살짜리 노란색 외투를 입은 소녀가 이를 주도했습니다. 유별나게 덥고 건조한 여름 동안 그레타의 고향 스톡홀름과 유럽 전역의 국가에서 미국의 캘리포니아에 이르기까지 전 세계에서 산불이 일어났습니다. 그레타는 인간이 만든 기후 변화 때문에 "우리 집이 불타고 있다"고 크게 외쳤습니다.

2018년 8월 20일 그레타는 등교를 하지 않고 스웨덴의 국회의사당 앞에 앉아서 정부가 기후 위기에 대해 강력한 행동을 취할 것을 촉구했습니다. 그녀는 혁명을 일으킬 네 개의 단어가 적힌 푯말을 들고 매주 국회의사당 앞을 찾았습니다. 그것은 바로 '기후를 위한 등교 거부'였습니다.

이 네 단어는 마치 산불처럼 퍼져 나갔습니다. 사람들은 그레타의 국회 앞 시위에 합류했고, 기자들이 그녀의 이야기를 보도하기 시작했으며, 해시태그 #SchoolStrike4Climate는 그레타의 시위 소식을 지구촌 전체로 실어 날랐습니다. 금요일은 이제 학생들이 기후 변화 대책을 요구하며 거리로 나서는 날이 되었습니다. 해시태그 #FridaysFuture는 이렇게 탄생했습니다.

미래를 위한 금요일 청년 운동은 정부가 화석 연료에서 벗어나 태양, 바람, 물, 열에서 나오는 깨끗한 동력인 재생 에너지에 투자해 탄소 배출을 줄이고, 지구의 온도 상승을 섭씨 1.5도 이하로 유지하도록 촉구하고 있습니다. 이러한 활동은 미래의 해수면 상승과 더 극단적인 날씨를 예방하는 데 도움이 될 것입니다.

첫 시위를 벌인 지 1년 후 그레타는 185개국의 760만 명에게 감동을 주어 미래를 위한 금요일을 지지하게 만들었습니다. 2019년에는 153개국에서 1만 1,000명 이상의 과학자가 '기후 비상 사태'를 선언하면서 이 운동에 힘을 보탰습니다. 동시에 유럽 연합(EU)은 2050년까지 모든 국가를 상대로 순배출 제로(0)를 약속하고 대기에 방출되는 총 온실가스의 양이 숲, 습지, 기타 생태계 또는 새로운 기술을 통해 흡수되는 양과 균형을 이루도록 촉구했습니다.

많은 국가가 탄소 배출량을 줄이는 데 진전을 보이고 있지만, 계속해서 화석 연료 산업을 확장하고 기후 과학을 거부하는 국가도 많습니다. 자신의 임무를 수행하는 데 두려움이 없는 그레타는 기후

"우리가 원하는 게 무엇일까요? 기후 행동! 그것을 언제 해야 할까요? 당장!"

작은 환경 운동
여러분은 목소리를 내기에 결코 어린 나이가 아닙니다. 여러분 나라의 지도자들에게 기후 변화가 사람들에게 어떤 영향을 미치는지를 알리는 편지나 이메일을 써 보세요.

비록 수천 킬로미터 떨어져 있지만, 2018년 전 세계의 도시와 마을에 있는 수백만 명의 젊은이들이 한목소리로 기후 행동을 요구했습니다.

변화를 위한 대책을 거부하는 국가들의 지도자를 만나 탄소 중립을 위한 여정에 동참하도록 촉구하기 위해 영국 플리머스에서 2019 기후정상회담이 열리는 미국 뉴욕까지 대서양 횡단 여행을 떠났습니다. 그녀의 메시지는 명확했습니다.

....

"모든 미래 세대의 눈이 여러분을 향해 있습니다.
만약 우리의 활동을 단념시킨다면 우리는 절대 여러분을 용서하지 않을 것입니다.
여러분이 책임을 모면하도록 그냥 두지 않을 겁니다.
바로 여기, 바로 지금이 인내심의 한계선입니다.
세상은 깨어나고 있습니다. 좋든 싫든, 변화는 다가오고 있습니다."

....

남극 대륙 보존 활동가
윌 스테커

열다섯 살의 윌 스테커는 1959년 마크 트웨인이 쓴 《허클베리핀의 모험》에 나오는 미시시피강 탐험 이야기에 영감을 받아 모아 둔 적금을 깨 모터보트를 사서 직접 여행에 나섰습니다. 몇 년 후 윌의 모험에 대한 욕구는 '자연 보호'라는 이름으로 세계에서 가장 중요한 탐험을 하는 것으로 발전했습니다.

1989년 윌은 남극 대륙에서 1911년 아문센 탐험대 이후 최초로 개썰매 여행을 시작했습니다. 그는 이 탐험을 통해 5,500킬로미터에 걸쳐 222일 동안 인간의 지구력 한계를 시험했습니다. 하지만 더 중요한 목적은 남극 대륙을 보호하는 일이었습니다.

> "남극 대륙 탐험은 내가 했던 모든 일 중에서 가장 중요한 탐험이었으며, 진정한 목적을 담은 장중한 모험이었습니다. 나는 남극 대륙을 알리고자 했습니다. 그래야 남극을 구하는 데 도움을 줄 수 있기 때문입니다."

남극 조약은 남극 대륙을 보존하기 위한 12개국 간의 국제 협약으로 30년 동안 유지되어 왔습니다. 하지만 이 조약에 광산 개발 금지 내용은 빠져 있었습니다. 시간이 지남에 따라 더 많은 국가가 남극 대륙의 지하자원을 탐험하고 싶어 했습니다. 남극의 빙하는 지구를 시원하게 유지하는 데 도움을 주며, 주변의 남극해는 엄청난 양의 이산화탄소를 흡수합니다. 이러한 자연의 균형을 깨뜨리는 것은 재앙이 될 것입니다.

1990년 남극 횡단에서 돌아온 윌은 세계 각국의 지도자들을 방문해 남극 조약에 광산 개발 금지를 포함하도록 개정할 것을 요구했습니다. 그의 말을 들은 48개국의 지도자들은 남극 대륙을 천연 보호 구역으로 지정해 보호하기로 동의했습니다. 윌은 성과를 거두었지만, 그의 일은 아직 끝나지 않았습니다. 오늘날 윌은 전 세계의 교육자 수천 명을 상대로 학생들에게 기후 변화에 대해 가르칠 방법을 알려주고 있습니다. 또한 탐험을 멈추지 않고 지구의 보이지 않는 구석구석에서 온난화가 얼마나 영향을 미치고 있는지에 대한 중요한 목격담을 수집하고 있습니다.

작은 환경 운동
탄소 계산기는 '탄소 발자국'을 측정하고 지구를 좀 더 조심스럽게 다룰 방법을 고민하는 데 도움을 줄 수 있습니다.

우주에서 바다표범을 연구하는
프렘 길

극지 보호 활동가이며, 폴라(극지) 프렘이라고도 알려진 극지 보호론자 프렘 길은 자신이 극지 탐험가가 될 거라고는 상상도 하지 못했습니다. 파키스탄 북부 펀자브 지역의 한 노동자 계층 가정에서 태어나 자랐기 때문입니다. 전통적인 탐험가와 달리 프렘은 위성 기술의 힘을 사용해 남극바다표범을 연구합니다. 바로 우주에서요.

프렘은 위성 카메라를 사용해 얼음 위에서 쉬고 있는 남극바다표범의 독특한 바나나 모양이 식별될 때까지 위성 이미지를 확대합니다. 그는 바다표범의 수를 세고 그들이 어디에서 새끼를 낳는지, 혹은 그들이 어떤 종류의 해빙에서 사는지 발견함으로써 자연 보호 활동가들이 해빙의 어느 지역을 보호해야 하는지 이해하도록 돕고 있습니다.

"나는 이 '숨겨진 세계'를 탐험하고 어쩌면 자연의 이 외딴곳을 본 유일한 인간일지도 모른다는 사실이 좋습니다."

2020년 초, 남극 대륙에 도착한 프렘은 2주 동안 배 위에서 몸의 균형을 잡으려고 애쓰면서 '필드 분광기'라는 감지 장치(센서)가 달린 긴 막대기를 들고 있었습니다. 이 분광기는 서로 다른 바다표범 종에서 반사되는 빛의 파장을 측정하는 장비입니다. 프렘은 이를 통해 위성 이미지에서 바다표범들을 식별할 수 있습니다.

남극바다표범을 현장에서 연구하는 것은 매우 어려운 일입니다. 이 지역은 외지고, 깨진 얼음덩어리들 때문에 배를 타고 가기가 위험하며, 너무 방대해서 비행기로 탐험하는 것도 불가능하기 때문입니다. 따라서 프렘의 연구는 매우 중요합니다. 그것은 과학자들이 바다표범의 야생 서식지를 보호하는 데 도움을 주어 바다표범 종에게 더 밝은 미래를 보장해 줍니다.

작은 환경 운동

과학자들이 극지 보존에 어떻게 도움을 주는지 자세히 알고 싶다면 영국 남극 조사국 사이트(www.bas.ac.uk)를 방문해 보세요.

그 밖의 지구 지킴이들

자연과 우리의 미래를 위해 활동하는 지구 지킴이에 가담하는 사람들이 매일 점점 더 늘어나고 있습니다. 그들의 이야기를 더 소개합니다.

로마리오 발렌타인
남아프리카공화국에서의 해변 청소 활동

다라 맥아널티
야생 동물을 구하는 출판 활동

로마리오 발렌타인은 여섯 살 때 학교 연극에서 범고래 역을 맡아 달라는 요청을 받아 범고래와 바다를 연구하면서 야생 동물에 대한 관심이 커졌습니다. 로마리오는 2017년부터 바다 보호를 위해 150여 차례 해변 대청소를 이끌었습니다. 아홉 번째 생일에는 파티를 열고 선물을 받는 대신 인근의 멸종 위기 조류 보호 구역에 기부금을 내 달라고 말했습니다. 그는 기금 모금과 아름다운 새 그림을 통해 전 세계 어린이들에게 자연 보호에 대해 가르치는 것을 도왔습니다.

인간이 만든 시끄러운 세상은 자폐증을 지닌 다라 맥아널티에게는 힘들 수 있습니다. 2016년 열여섯 살의 다라는 바쁜 세상의 소음을 잠재우는 데 도움을 준 '자연 보호 활동가 다라'라는 블로그를 시작했습니다. 이 블로그를 통해 박쥐를 구조하고, 붉은 다람쥐 목격담을 기록하고, 멸종 위기에 처한 희귀한 암탉 해리를 관찰하는 모험을 공유했습니다. 그는 자연 보호와 자연 기록 활동에 힘입어 영국 왕립 동물학대방지협회(RSPCA)와 제인 구달 연구소의 홍보대사에 임명되었으며, 많은 상도 받았습니다. 2020년에는 자연의 아름다움을 알리는 첫 번째 책을 출판했습니다.

네몬테 넨퀴모
아마존의 활동가

존 프랜시스
지구를 걷는 여행자

네몬테 넨퀴모는 에콰도르 아마존 열대 우림의 원주민 우아오라니족의 지도자입니다. 그녀가 이끄는 공동체는 1950년대 외부 세계 사람들과 처음 접촉한 이후 벌목, 인간의 거주지, 석유 탐사로부터 숲의 집을 지키기 위해 외로운 투쟁을 이어 왔습니다. 2019년 에콰도르 정부는 석유 산업의 최고 입찰자에게 우아오라니 땅을 경매에 부칠 것이라고 발표했고, 네몬테와 우아오라니족은 이에 반대했습니다. 네몬테는 법정에서 (런던보다 큰 면적인) 50만 에이커의 우아오라니 열대 우림을 보호하는 획기적인 승리를 거두며 아마존의 다른 지역 사회에 선례를 남겼습니다.

1971년 샌프란시스코만에서 유조선 두 척이 서로 충돌해 약 303만 리터의 기름이 바다에 유출되었습니다. 이는 올림픽 수영장 안에 들어가는 물보다 많은 양입니다. 스물다섯 살의 존 프랜시스는 해변을 청소하고 기름에 흠뻑 젖은 야생 동물을 구하기 위해 싸우면서 자신의 삶에 더 큰 변화를 줘야겠다고 결심했습니다. 바로 석유로 움직이는 자동차를 운전하거나, 탑승하지 않기로 한 것이었습니다. 22년 동안 존은 걸어서 돌아다녔고, 심지어 서부 해안에서 동부 해안까지 북미를 횡단하기도 했습니다. 또한 미국의 푸른 바다를 보호하기 위해 원유 유출 규정 작성을 도왔으며, 현재 유엔 친선대사로 활동하면서 유엔의 자연 보호 운동에 세계의 이목을 집중시키고 있습니다.

파라그 데카
피그미호그의 보호자

보얀 슬랫
플라스틱 제거 장치 개발자

환경 보호 활동가이자 수의사인 파라그 데카는 여덟 살 때 폭풍 때문에 나무에서 떨어진 새끼 새들을 구조한 이후로 동물들을 보살펴 왔습니다. 오늘날 그는 인도 북동부의 초원에 서식하는 멸종 위기 돼지 피그미호그를 구하기 위해 일생을 바치고 있습니다. 이 꼬마 돼지들은 인간의 활동으로 인해 서식지가 파괴되어 1997년이 되자 소수만 남게 되었습니다. 파라그는 더렐 야생동물보호재단과 함께 사육 센터를 설립하고, 이 돼지들을 사육하는 프로그램을 시작했습니다. 돼지들은 초지에 세워진 이 반야생 안전지대에서 생존 방법을 훈련받은 후 방생됩니다. 사육 프로그램이 시작된 이후 파라그와 그의 팀은 100마리 이상의 돼지들을 다시 야생에 풀어놓고 서서히 멸종과의 싸움에서 이길 수 있도록 도왔습니다.

보얀 슬랫은 열여섯 살 때 그리스에서 스쿠버 다이빙을 하다 물고기보다 플라스틱이 더 많은 것을 보고 충격을 받았습니다. 또한 해양 플라스틱 문제를 해결하려는 사람이 아무도 없다는 것을 알고 깜짝 놀랐습니다. 그래서 2013년 그는 세계 최초의 해양 정화 시스템을 개발하기 위해 항공 우주 공학을 그만뒀습니다. 5년 후 미국 서부 해안에서 떨어진 곳에 있는 샌프란시스코만에서 이 시스템이 가동되었습니다. 보얀은 600미터 길이의 파이프를 사용해 물살에 따라 미끄러지면서 플라스틱 조각을 모으는 U자형의 물에 뜨는 장치를 만들었습니다. 이 장치가 1톤짜리 유령 그물에서 작은 플라스틱에 이르기까지 많은 양을 모으면 보트가 재활용을 위해 이 쓰레기를 해안으로 운반합니다. 보얀은 자신의 발명품으로 2040년까지 태평양 쓰레기 지대의 90퍼센트를 청소할 수 있기를 바라고 있습니다.

아비드 수르티
인도의 수도꼭지 잠그기 활동가

캘리 브로드더스
에콰도르의 운무림 보호

아비드 수르티 할아버지는 2007년부터 인도 뭄바이에서 각 가정을 방문해 물이 새는 수도꼭지를 무료로 고쳐 주는 활동을 하고 있습니다. 아비드 할아버지는 물 보존의 중요성을 너무도 잘 알고 있었습니다. 그는 줄을 서서 펌프 물을 받아 오는 엄마를 보며 자랐습니다. 물이 새는 수도꼭지로 인해 매달 1,000리터의 물이 낭비된다는 신문 기사를 읽은 후 그는 사비를 들여 '드롭 데드 재단(The Drop Dead Foundation)'을 설립했습니다. 그는 이 활동을 통해 여덟 개의 올림픽 수영장을 채울 수 있는 2,000만 리터 이상의 물을 절약하는 데 도움을 주었다고 믿고 있습니다.

2019년 스물여덟 살이던 캘리 브로드더스는 세계 최초로 100퍼센트 청소년이 후원하는 자연 보호 구역을 만들기 위한 재단인 '리저바: 유스 랜드 트러스트(Reserva: the Youth Land Trust)'를 설립했습니다. 열대 우림 트러스트, 에콰도르 자연 보호 단체 에코밍가 재단 그리고 전 세계 젊은이들의 지원으로 리저바는 에콰도르 초코 운무림에 0.9제곱킬로미터의 부지를 조성하기 위해 2021년 17만 8,296달러(약 2억 1,000만 원)의 첫 모금 목표를 달성했습니다. 이를 통해 그들은 기존의 자연 보호 구역을 확장하고, 농업과 개발로부터 열대 우림을 보호할 수 있을 것입니다.

큰 변화를 가져올 작은 환경 운동 10가지

보잘것없어 보이지만 우리가 할 수 있는 일은 굉장히 많습니다. 우리는 이러한 일들을 통해서 세상을 긍정적으로 변화시킬 수 있습니다. 여러분, 여러분의 친구들 그리고 여러분의 가족들이 오늘 당장 실행에 옮길 수 있는 열 가지 작은 환경 운동을 소개합니다.

1. 음식물 쓰레기로 흙 만들기

과일과 채소 껍질 같은 음식물 찌꺼기는 식물의 거름으로 쓰세요. 그것은 새로운 식물을 기르기에 좋은 흙으로 변할 거예요.

2. 재활용하기

쇼핑백, 물병, 폐지를 재활용하세요. 만약 어떤 것이 고장 났다면 수선해서 사용해 보세요. 더 이상 물건을 사용하고 싶지 않다면 다른 누군가가 사용할 수 있도록 친구나 자선단체에 기부하세요.

3. 집에서 재활용품 분류하기

유리, 깡통, 플라스틱, 종이를 분류하여 재활용함에 넣으세요. 이렇게 하면 재활용품들은 매립지로 향하지 않고 새로운 상품이 되어 제2의 삶을 살게 됩니다.

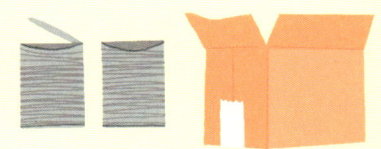

4. 에너지 낭비 줄이기

전기를 사용하지 않을 때에는 전기를 배출하는 휴대전화기 충전기나 게임기의 플러그를 뽑아 놓으세요.

5. 식물 기르기

집의 베란다나 마당 한 귀퉁이를 꽃가루 매개체의 천국으로 바꿀 수 있습니다. 풀이나 민들레, 클로버가 자라게 놔두세요. 이 식물들은 많은 곤충의 먹이가 됩니다.

6. 다리 사용하기

1년 동안 자전거를 타거나, 하루에 1.5킬로미터를 걸으면 약 150킬로그램의 이산화탄소가 대기 중으로 유입되는 것을 막을 수 있습니다. 네 그루의 나무를 심고 10년 동안 자라게 하는 것만큼 큰 효과가 있습니다!

7. 고기 없는 월요일

축산물은 다른 식품에 비해 온실가스를 많이 발생시키므로 탄소 발자국을 줄이기 위해 일주일에 한 번은 채식을 시도해 보면 어떨까요?

8. 환경 공부하기

지구 지킴이와 자연에 대해 더 알고 싶다면 지역 도서관에서 책을 빌려 읽으세요. 이는 완전히 무료이며 가족, 친구, 선생님 및 이웃과 아이디어나 정보를 공유할 수 있습니다.

9. 지역 생산물 먹기

꿀, 야채, 빵, 계란, 우유 등을 재배하거나 생산하는 곳이 가까이 있다면 그 지역의 상점이나 판매자들에게서 물건을 사는 것이 온실가스 배출을 줄이는 데 도움이 됩니다. 제품을 여러분에게 전달하기 위해 먼 길을 갈 필요가 없기 때문입니다.

10. 동식물 보살피기

자연의 세계와 그곳에 사는 동식물을 잘 보살피세요. 자연은 그들의 집이기도 하다는 것을 기억하세요.

그 밖의 자연 보호 활동들

지구에 관해 알아보면 이곳을 집으로 삼아 살아가는 야생 동물들과 이들을 보호하는 일에 도움을 주는 훌륭한 사람들을 많이 만나 볼 수 있습니다. 이는 대단히 멋진 일입니다. 우리는 이를 통해 현재와 미래의 지구에 더 도움이 되는 선택을 할 수 있습니다. 더 많은 것을 알아낼 수 있는 유용한 자료들을 소개합니다.

지구 지킴이들의 활동

네팔 청년기후활동그룹(NYCA) www.nyca.net.np
네팔에 사는 청소년들이 대기 오염에 어떻게 맞서고 있는지 알아볼 수 있습니다.

더렐 야생동물보호재단 www.durrell.org
산 닭 개구리와 쟁기거북 등 많은 생물 종을 보호하기 위한 프로그램에 대해 조사해 볼 수 있습니다.

지구를 위해 나무를 심자 www.plantfortheplanet.org
지구에 1조 그루의 나무를 심는 운동을 지원하거나 가입해서 활동할 수 있습니다.

프랑크푸르트 동물원협회의 수마트라 정글 학교
https://sumatra.fzs.org/en/orang-utan-conservation/orangutan-rehabilitation-jungle-school
정글 학교에서 오랑우탄을 만나 보고 그들의 학교 생활에 대해 더 알아볼 수 있습니다.

고슴도치 친화적 마을 www.hedgehogfriendlytown.co.uk
고슴도치 구조 센터의 최신 뉴스를 접하고 고슴도치들을 어떻게 도울 수 있는지 알아볼 수 있습니다.

판테라 www.panthera.org
전 세계의 대형 고양이류 동물 보호에 대해 자세히 알아볼 수 있습니다.

글로벌 에코 마을 네트워크 www.ecovillage.org
지속 가능성이 더욱 발전된 전 세계의 환경 친화적 마을을 만나 볼 수 있습니다.

그린벨트 운동 www.greenbeltmovement.org
케냐의 그린벨트 운동을 지원하고, 이웃에서 이 운동에 참여할 방법을 알아볼 수 있습니다.

비닐봉지 추방 운동 www.byebyeplasticbags.org
가장 가까운 곳에서 활동 중인 비닐봉지 추방 운동 단체를 찾아 비닐봉지 사용을 막는 방법을 배울 수 있습니다.

해양 청소 운동 www.theoceancleanup.com
바다에서 건져 올린 플라스틱으로 만든 선글라스를 구입하면 해양 청소에 자금을 지원할 수 있습니다.

기후 세대 www.climategen.org
윌 스테거가 설립한 이 단체는 기후 변화 대응에 대한 여러분의 후원을 기다리고 있습니다.

미래를 위한 금요일 www.fridaysforfuture.org
기후 변화 대응 활동을 하는 이유, 방법, 장소를 알아볼 수 있습니다.

리저바: 유스 랜드 트러스트 www.reservaylt.org
이 단체에 편지를 쓰면 우림 지대를 구하는 데 도움이 될지 알아볼 수 있습니다.

제인 구달의 뿌리와 새싹 www.rootsnshoots.org.uk
사람, 동물, 환경을 위해 긍정적인 변화를 만드는 방법을 알 수 있습니다.

씨 셰퍼드 www.seashepherd.org.au
바다의 상어들을 보호하려면 어떻게 싸워야 하는지 알 수 있습니다.

 ## 살펴봐야 할 목록

아이디어와 지식을 전파하는 비영리 단체 테드(TED: 기술, 엔터테인먼트, 디자인)는 일반적으로 18분 동안 비디오 대화 형태로 프로그램을 진행합니다. 이는 영감을 주고, 도전의식을 고취하며, 생각하게 만들어 줍니다. 이 책에 나오는 지구 지킴이 중 많은 사람이 테드에서 강연을 했습니다. www.ted.com에서 검색해 보면 그 외의 많은 강연자도 만나 볼 수 있습니다.

강연 보기: 그레타 툰베리, 멜라티 위즌과 이사벨 위즌, 보얀 슬랫, 아야나 엘리자베스 존슨, 존 프랜시스, 오비드 수르티, 앨 고어(미국의 정치가이자 환경 운동가), 그리고 제인 구달(영국의 영장류 학자이자 환경 보호론자)의 강연을 시청해 보세요.

 ## 학습

이 책에서 소개한 사람 중에는 동물학자, 해양 생물학자, 연구원, 기후학자, 수의사, 활동가, 교사 등이 포함되어 있습니다. 만약 여러분이 지구를 보호하는 일에 참여하고 싶다면 지금이 그것에 대해 생각하기 좋은 때입니다. 다음은 향후 학습에 유용한 몇 가지 과목입니다.

- 생물학
- 화학
- 기후학
- 보존 과학
- 생태학
- 환경 공학
- 지질학
- 해양 생물학
- 기상학
- 해양학
- 지속 가능성
- 도시 계획

 ## 자원봉사

여러분은 야생 동물 보호 단체에서 자원봉사를 하거나, 길가의 쓰레기를 청소할 수 있습니다. 이는 경험을 쌓고, 환경을 배려하는 사람들을 만나고, 자연에 대해 배울 수 있는 좋은 방법입니다.

일요일 오전 9시 해변 청소

용어 해설
(가나다 순)

극지 – 지구 축의 최북단 또는 최남단 지점

기후 변화 – 장기간에 걸친 기온, 강우량과 같은 지구의 평균 기후 조건의 변화

기후 정상 회의 – 기후 변화에 대처하기 위한 세계 지도자들 간의 회의

대기 – 지구를 둘러싸고 있는 가스층

대기 오염 – 자동차 배기가스나 공장 배기가스로 방출되는 것과 같은 공기 중의 유해 입자

먹이 사슬 – 누가 누구를 먹는지 보여 주는 생물 사이의 연결 고리

메탄 – 습지, 소 및 매립지에서 생산되는 무색무취의 천연가스

미세 플라스틱 – 바다와 담수 서식지로 들어가 야생 동물을 위협하는 아주 작고 반짝이는 플라스틱 조각

밀렵꾼 – 동물이나 (뿔이나 엄니 등) 동물의 신체 일부를 팔기 위해 불법으로 사냥, 살해 또는 덫을 놓는 사람

빙하 – 높은 산과 극지방 근처에서 발견되는 느린 속도로 흐르는 얼음덩어리

사막 – 연간 강수량이 25센티미터 이하인 건조한 지역

사막화 – 비옥한 토지가 건조해져 식물과 야생 동물을 잃고 점차 사막으로 변하는 현상

삼림 벌채 – 농작물을 재배하기 위한 농장, 소를 키우는 목장, 또는 마을과 도시의 확장을 위한 공간을 마련하기 위해 숲을 없애는 작업

생물 군계 – 특정한 기후와 그곳에 사는 특정한 종류의 야생 동물을 가진 넓은 지역. 주요 생물 군계는 열대 우림, 초원, 사막 등

생물 다양성 – 지구상의 다양한 생명체

생태계 – 환경에서 상호 작용하는 식물, 동물 및 기타 생명체의 공동체

생태학 – 유기체들이 서로 또는 환경과 어떻게 상호 작용하는지 연구하는 학문

서식지 – 식물, 동물 또는 기타 유기체가 살아가는 환경

스모그 – 주로 자동차 배기가스나 화석 연료의 연소로 인해 도시 상공에 정착하는 오염된 공기

오염 – 자연환경을 더럽히는 소음, 열, 빛, 화학 물질, 가스 또는 인간 폐기물의 유입

오존층 – 피부를 태울 수 있는 해로운 자외선을 흡수하여 우리를 보호하는 대기 중 높은 곳에 있는 얇은 층

온대림 – 연중 사계절이 나타나는 숲. 열대 지방과 극지방 사이의 지역에서 발견

온실가스 배출 – 온실가스를 대기로 방출해 지구 온난화와 기후 변화를 일으키는 일

우림 지대 – 적도 부근에서 발견되는 따뜻한 숲 서식지. 연간 2미터 이상의 비가 내림

유럽 연합(EU) – 유럽 내 27개 국가의 연합. 평화를 촉진하고 정치 및 경제 협력 장려를 목표로 함

유엔 – 평화를 증진하고 세계 최대의 문제에 대한 해결책을 찾기 위해 협력하기로 동의한 많은 세계 국가들의 기구

이산화탄소 – 지구 대기에서 발생하는 무색무취의 가스. 우리가 내뿜는 공기에는 소량의 이산화탄소가 있고, 공장과 자동차에서 나오는 배출물에는 많은 양이 있음

자연 보호 – 자연 세계와 그 안에 서식하는 야생 생물들을 보호하는 활동

재생 에너지 – 태양 빛, 바람, 파도와 같은 자원으로부터 생성된 에너지. 고갈되지 않고 계속해서 사용할 수 있음

재활용 – 종이, 캔 및 플라스틱과 같은 폐기물을 새로운 재료로 바꾸는 일

지구 지킴이 – 지구를 보호하기 위한 활동을 전개하는 전 세계의 사람들

지구 온난화 – 온실가스가 증가해 그 결과로 지구 대기의 평균 온도가 점진적으로 상승하는 현상

지속 가능성 – 사람들이 나무, 물, 물고기와 같은 자원을 균형 있게 사용해 자연계에 해를 끼치지 않으며 필요한 것을 얻고, 미래 세대를 위해 충분한 양을 남기는 일

침식 – 바람, 물, 얼음이 흙과 바위를 마모시켜 다른 곳으로 옮기는 일. 중력도 침식을 일으킬 수 있음

탄소 발자국 – 사람이나 사물의 활동으로 생성되는 온실가스 배출량

트래피킹 – 멸종 위기 동물 또는 보호 동물(또는 동물의 신체 일부)이 불법적으로 사냥, 판매 및 다른 장소로 운송되는 일

화석 연료 – 지구의 지각에서 발견되는 물질. 고대의 부패한 식물들과 동물들로 형성되고, 추출되고, 연소되어 에너지를 만들며 석유, 가스, 석탄을 포함함

환경 – 사람, 식물 또는 동물이 사는 곳 주변

저자의 말

나는 호주의 동부 해안인 그레이트 배리어 리프를 따라 둥지를 튼 바다거북들, 이동하는 혹등고래들 그리고 무엇보다도 암초상어부터 거대한 타이거상어에 이르는 다양한 상어들과 함께 성장한 행운아입니다.

2018년 겨울의 어느 날, 나는 고향인 퀸즐랜드주 번다버그의 해안가에 앉아서 반짝이는 바다를 바라보고 있었습니다. 그때 작은 배를 탄 한 남자가 '드럼 라인'이라고 불리는 떠다니는 주황색 부표를 향해 나가는 것이 보였습니다. 수면 아래에 있어서 보이지 않았던 것은 상어를 유인해서 잡으려는 미끼 달린 커다란 낚싯바늘이었습니다. 그가 줄을 당기자 낚싯바늘에 걸려 죽은 뱀장어가 올라왔습니다. 나는 그것을 보고 소름이 끼쳤습니다. 해변에서 수영을 하려면 상어를 죽여야 한다는 것은 아프리카의 세렝게티 초원으로 소풍을 가기 위해 사자를 총으로 쏘는 것만큼이나 터무니없게 느껴졌습니다. 자연에서 일어나는 이러한 끔찍한 일들에 마음이 아팠습니다. 하지만 나 같은 사람이 어떻게 변화를 일으킬 수 있을까요? 나는 과학자도 아니고, 아무것도 발명하지 못했고, 총리를 만날 수 있을 것 같지도 않았습니다. 하지만 내가 할 수 있는 일이 하나 있었습니다. 그것은 글을 쓰는 일이었습니다.

나는 자연과 그것을 지키기 위해 끊임없이 노력하는 수많은 영웅들의 목소리를 들려주는 책을 써야겠다고 생각했습니다. 그래서 과학자, 탐험가, 활동가, 발명가, 환경 보호론자들에게 전화를 걸었습니다. 그들을 '지구 지킴이'라고 생각했고, 이들과 이야기를 나누면서 우리의 세계가 점점 더 뜨거워지고, 건조해지고, 날씨가 점점 더 황폐해지고, 해수면은 점점 더 높아지며, 앞으로 점점 더 많은 멸종이 일어날 것이라는 사실을 알게 되었습니다. 약 30시간에 걸친 인터뷰를 마치고 멋진 일러스트레이터 리디아 힐과 편집자 칼리 블레이크의 도움으로 이 책이 만들어지기 시작했습니다. 우리도 지구 지킴이가 되고 있었던 것입니다. 여러분도 우리의 활동에 동참하지 않을래요?

여러분은 미약한 존재가 아닙니다. 여러분은 하찮은 존재가 아닙니다. 여러분은 세상을 좋게 바꾸는 지구 지킴이가 될 수 있습니다. 이 활동은 우리가 먹는 음식, 이동하는 방식, 매일 밤 불을 켜는 것 등 우리가 하는 모든 일에 대한 환경적인 비용이 얼마나 드는지 이해하는 것에서부터 시작됩니다. 우리가 시도하지 않아서 위험해진 것이 너무나도 많습니다. 우리 개개인의 발자취에 변화를 주는 것이 우리의 미래를 바꾸는 첫걸음입니다. 아무리 작더라도 그 모든 것은 다 중요합니다. 이 지구는 집이라고 부르기에는 정말로 좋은 곳입니다.

라이사 스튜어트 샤프

71

일러스트레이터 소개

리디아 힐은 영국의 일러스트레이터로 미들섹스대학교를 졸업했고, 지금은 셰필드에 살고 있습니다. 대학 졸업 후 두 권의 아동 그림책과 편집, 브랜딩을 포함한 다양한 프로젝트를 진행하며 가볍고 활기찬 미술 스타일을 계속 발전시켜 왔습니다.

리디아는 다양하고 기발한 캐릭터들을 다채로운 자연 풍경 속에 집중시켜 일상에 재미를 불어넣는 것을 목표로 하고 있습니다. 그의 작품은 아이들이 자연 세계를 소중히 여기도록 영감을 불어넣어 주고 있습니다.

옮긴이
김정한

서울 출생으로 경기고, 연세대 철학과, 연세대 국제학대학원을 마쳤다.
언론사 국제부 기자를 거쳐 현재 ㈜디지털헤럴드 콘텐츠 서비스 총괄이사로 일하며 작가, 번역 작가, 콘텐츠 개발자,
출판 기획자로도 활동 중이다. 창작물로는《북한은 처음이지?》,《초등 리딩 스타트》,《50문장으로 끝내는 영어 프레젠테이션》,
《세상에서 제일 맛있는 피자》등이 있다. 옮긴 책으로는《무한 투자의 법칙》,《CEO의 이력서》,《습관이 답이다》,
《이상한 놈들이 온다》,《작은 긍정의 힘》,《원 퀘스천》,《마음이 튼튼한 아이 시리즈》,《세상을 바꾼 작은 영웅들》,
《몬스터 사이언스》,《신기한 마법의 괴물사전 주니버스》,《별들의 이야기》등 다수가 있다.

경이로운 지구
우리가 함께 지켜요

1판 1쇄 인쇄 2022년 1월 17일
1판 1쇄 발행 2022년 2월 1일

지은이 라이사 스튜어트 샤프 **그린이** 리디아 힐 **옮긴이** 김정한
펴낸이 여종욱

책임편집 권영선 **디자인** NURI

펴낸곳 도서출판 이터
등 록 2016년 11월 8일 제2016-000148호
주 소 인천시 중구 은하수로229
전 화 032-746-7213 **팩 스** 032-751-7214 **이메일** nuri7213@nate.com

한국어 판권 ⓒ 이터. 2022. Printed in Korea.

이 책은 저작권법에 따라 보호를 받는 저작물이므로 무단 전재와 복제를 금지하며,
이 책의 내용의 전부 또는 일부를 이용하려면 반드시 저작권자와 이터의 서면 동의를 받아야 합니다.

ISBN 979-11-89436-30-8 (73330)

놀이터는 이터의 어린이 출판 브랜드입니다.

값은 뒤표지에 있습니다.
잘못 만들어진 책은 구입처에서 교환해 드립니다.